MIX
Papier aus verantwortungsvollen Quellen
Paper from responsible sources
FSC® C105338

Arno Gaier

Herrschaftssymbole und Fahnen im hoch- und spätmittelalterlichen Imperium

Die Herausbildung unserer heutigen Staatssymbolik im Mittelalter

Diplomica Verlag GmbH

Gaier, Arno: Herrschaftssymbole und Fahnen im hoch- und spätmittelalterlichen Imperium: Die Herausbildung unserer heutigen Staatssymbolik im Mittelalter. Hamburg, Diplomica Verlag GmbH 2013

Buch-ISBN: 978-3-8428-9921-6
PDF-eBook-ISBN: 978-3-8428-4921-1
Druck/Herstellung: Diplomica® Verlag GmbH, Hamburg, 2013

Bibliografische Information der Deutschen Nationalbibliothek:
Die Deutsche Nationalbibliothek verzeichnet diese Publikation in der Deutschen Nationalbibliografie; detaillierte bibliografische Daten sind im Internet über http://dnb.d-nb.de abrufbar.

Hermannstal 119k, 22119 Hamburg
http://www.diplomica-verlag.de, Hamburg 2013
Printed in Germany

Inhaltsverzeichnis

1. Einleitung

Demjenigen, der sich mit der deutschen Staatssymbolik der Gegenwart beschäftigt, wird auffallen, dass sich einige Farben und Symbole nicht aus dem öffentlichen Leben der Bundesrepublik wegdenken lassen: Der Adler und die schwarz-rot-goldenen Fahnen. Ebenso wird man es nicht vermeiden können, die Farben Rot und Weiß in vielen Städte- und Länderwappen zu erblicken. Kaum jemand wird sich aber Gedanken darüber machen, dass es sich hierbei um Symbole und Farben handelt, die eine lange Tradition haben, im Falle des Adlers sogar schon seit Jahrtausenden fest zur Herrschaftssymbolik gehören. Mögen diese Zeichen auch in den jeweiligen Epochen politisch instrumentalisiert und uminterpretiert worden sein, in ihrer Substanz blieben sie doch gleich. Während der Adler, wie schon angesprochen, als Herrschaftssymbol uralt ist, ist die Farbkombination Rot-Weiß bzw. das Schwarz-Gold in der „Deutschlandfahne" einer mittelalterlichen Entwicklung zu verdanken. Genau diese Entwicklung von Farben und Symbolen soll in der vorliegenden Arbeit nachvollzogen werden. Dabei soll auf ihre verschiedenen Erscheinungsformen als plastische Figur, Fahne und Wappen eingegangen werden und auf die Gebrauchsmöglichkeiten, die sich daraus ergaben. In die Untersuchung soll dort, wo es nötig ist, ein Symbol mit einbezogen werden, das in der heutigen Staatssymbolik kaum mehr eine Rolle spielt, im christlich bestimmten Mittelalter aber eine große Bedeutung hatte: das Kreuz.

Als genuin christliches Symbol – denn in einem anderen Kontext ist es im christlichen Abendland nicht gebräuchlich – spielt es für die Herrschenden vor allem seit der Vision Konstantins eine Rolle, in der es als Siegeszeichen gedeutet wurde. Seitdem taucht es als Herrschafts- und Siegessymbol regelmäßig auf, auf Münzen und Szepter der römischen Könige und Kaiser des Mittelalters, im Zuge der Kreuzzüge als allgemeines Erkennungszeichen der christlichen Kreuzfahrer sowie, und das ist für diese Arbeit besonders wichtig, als Kreuzfahne im Heiligen Römischen Reich. In diesem Zusammenhang spielen auch wieder die Farben Rot und Weiß eine gewichtige Rolle.

Der Adler hingegen ist eindeutig heidnischen Ursprungs. Schon seit dem 4. Jahrtausend v. Chr. finden wir ihn, oft in Gestalt eines Mischwesens, als Symbol für Stärke und Herrschaft. Fast alle antiken Völker bieten Beispiele für das Vorkommen des Adlers als Schmuck und Symbol, sei es bei den Sumerern oder bei den Griechen.[1] Ausgangspunkt für den mittelalterlichen Adler ist allerdings derjenige des antiken Römischen Reiches. Dort galt er anfangs als Vogel Jupiters, des obersten Gottes, bevor er dann, oft losgelöst davon, als Adlerzepter der

[1] Korn, Johannes Enno, Adler und Doppeladler. Ein Zeichen im Wandel der Geschichte, in: Der Herold. Vierteljahresschrift für Heraldik, Genealogie und verwandte Wissenschaften, Bd. 5/6, Berlin 1963-1968, S. 117-124.

römischen Kaiser auftaucht.[2] Dies ist für die weitere Geschichte besonders aufschlussreich, da auch bei vielen mittelalterlichen Herrschern das Adlerzepter als Herrschaftszeichen auftritt. Wenngleich der Adler ein ursprünglich heidnisches Symbol war, wurde er auch in die christliche Tradition mit einbezogen. Hier gilt er vor allem als Zeichen des Evangelisten Johannes.[3] Als solches nehmen ihn auch einige römische Könige und Kaiser vor allem des Spätmittelalters in ihr Repertoire der Herrschaftszeichen auf. Der Adler begegnet uns im Laufe des Mittelalters noch mehr als das Kreuz in allen möglichen Erscheinungsformen, als Zepter, Siegelbild, als plastisches Feldzeichen, Wappen und Fahnen. Während des gesamten Mittelalters ist der Adler das nahezu unumstrittene Symbol für König und Kaiser.

Die vorliegende Arbeit beschränkt sich daher vor allem auf das Vorkommen von Adler und Kreuz in ihren verschiedenen Erscheinungsformen und Anwendungsbereichen im Umfeld der Herrscher des Heiligen Römischen Reiches. Aber auch abweichende Symbole sollen, soweit sie im Umfeld des Herrschers auftauchen, mit in die Analyse einbezogen werden, so dass sich ein abgerundetes Bild ergibt. Gleichzeitig soll, wie schon erwähnt, die Entwicklung der genannten Symbole in den verschiedenen Abschnitten der mittelalterlichen Geschichte dargestellt werden. Bezugspunkt sind hier die einzelnen mittelalterlichen Herrscher und „Dynastien“, soweit man diesen Begriff in der Geschichte des Herrschertums des Heiligen Römischen Reiches überhaupt verwenden darf, im Laufe der Epoche. Der Schwerpunkt richtet sich auf die staufische und nachstaufische Zeit, in der mit der Herausbildung und dem Erstarken der Heraldik eine besondere Entwicklung in der Geschichte der Symbolik im Imperium stattfindet. Diese Arbeit versucht auch zu klären, ob es eine wirkliche Entwicklung in Aussehen und Gebrauch der Herrschaftszeichen überhaupt gegeben hat und wie diese vor sich ging.

Das Thema der Arbeit ist in seiner Gesamtheit lange nicht untersucht worden, weshalb die meisten Forschungsergebnisse hierzu schon älter sind. Lediglich Beiträge zu einzelnen Aspekten des Themas sind neueren Datums. Daher soll nun versucht werden, unter Einbeziehung der neuesten Forschungsergebnisse eine Gesamtdarstellung im vorgegebenen Rahmen zu erreichen. Als erstes wird sodann kurz auf die Adler und Fahnen der Karolingischen Zeit eingegangen werden, die allerdings für das Thema aufgrund der Spärlichkeit der Quellen nicht besonders ergiebig ist, bevor mit den ottonischen Herrschern die eigentliche Geschichte der genannten Symbole beginnt.

---

[2] Ebd., S. 149-153.
[3] Ebd., S. 181-191.

2. Karolingische Adler und Königsfahnen – Ein kurzer Überblick

Für die karolingische Zeit gestaltet sich der Nachweis für herrschaftliche Adlerzeichen und Fahnen recht schwierig. So gibt es nur sehr wenige Belege, welche über die Herrschaftszeichen Karls des Großen Auskunft geben. Nur ein Zeugnis für den Adler stammt direkt aus jener Zeit. Es gibt eine Goldmünze, welche den Adler des Johannes auf der Rückseite zeigt. Auf ihrer Vorderseite befindet sich der Kopf des Kaisers mit der Umschrift „CAPUT IMPERATOR".[4] Erst im Jahre 978 schreibt Richer von St. Remy, dass Karl der Große auf dem Giebel seiner kaiserlichen Pfalz in Aachen einen metallenen Adler aufgestellt habe. Thietmar von Merseburg bestätigt dies, behauptet aber, dass der Adler andersherum postiert gewesen sei.[5] Es wäre interessant zu prüfen, wer nun Recht hatte. Allerdings ist dies für das Thema dieser Arbeit weiter nicht von Belang. Vielleicht wollte Karl mit der Aufstellung des Adlers die Wiederherstellung des römischen Kaisertums zum Ausdruck bringen, welches ja ebenfalls den Adler als Zeichen hatte.[6] Allerdings weiß man weder etwas über die Farbe noch über das genaue Aussehen der Figur..

Ebenso weiß man wenig über etwaige Königsfahnen Karls des Großen, geschweige denn über deren Aussehen. Zwar gibt es das Lateranmosaik des ehemaligen Tricliniums Leos III., welches an der Lanze Karls des Großen ein blaues oder grünes Fahnentuch mit roten Mustern zeigt, das in drei Zungen ausläuft. Das Mosaik stellt u.a. die Übergabe der Fahnenlanze an Karl durch Petrus dar.[7] Allerdings ist es unsicher, ob es sich hier um eine tatsächliche Königsfahne oder um eine stadtrömische Fahne handelt, wie z.B. Erdmann behauptet.[8] Dafür spricht beispielsweise die Tatsache, dass Leo III. an Karl eine römische Fahne, ein *vexillum Romanae urbis*, nebst den Schlüsseln zur *Confessio* des heiligen Petrus geschickt hat[9], also nicht eine Fahne, die der Herrscher sich selbst als Zeichen ausgewählt hat, sondern die ihm als Zeichen der Anerkennung seiner Herrschaft überreicht wurde.[10] Diese Fahne war wohl eine Fahne der Stadt Rom. Die Römer und mit ihnen der Papst erkannten durch diese Sendung die Herrschaft

---

[4] Ebd., S. 303.

[5] Richer, lib. III, cap. 71 (MGH SS XXXVIII, S. 208): „Aeream aquilam que in vertice palatii a Karolo Magno acsi volans fixa erat, in vulturnum converterunt."; Thietmar, lib. III, cap. 8 (MGH SS NS IX, S. 106): „Haec (aquila) stat in orientali parte domus, morisque fuit omnium hunc locum possidentium ad sua eam vertere regna."

[6] Korn, Johannes Enno, Adler und Doppeladler, S. 302-303.

[7] S. Anhang, Abb. 1.

[8] Erdmann, Carl, Kaiserliche und päpstliche Fahnen im hohen Mittelalter, in: Quellen und Forschungen aus italienischen Archiven und Bibliotheken 25, Rom 1933-34, S. 13-14.

[9] Annales regni Francorum für das Jahr 796: „Adrianus papa obiit, et Leo, mox ut in locum eiur successit, misit legatos cum muneribus ad regem; claves etiam confessionis sancti Petri et vexillum Romanae urbis eidem direxit."

[10] Erdmann, Carl, Kaiserliche und päpstliche Fahnen im hohen Mittelalter, S. 13.

Karls an.[11] Dass es solche römische Fahnen gegeben hat, wird auch dadurch belegt, dass es wohl üblich war, hochgestellte Persönlichkeiten wie Karl mit einer Fahnenprozession vor der Stadt abzuholen. Es gab also mehrere römische Fahnen und nicht nur eine bestimmte.[12] Mit den Königs- oder Kaiserfahnen haben sie nichts zu tun. Die Fahnen gehörten nicht zum König, sie wurden nur zu dessen Ehrung gebraucht. Die Fahnenträger waren nicht königliche Würdenträger oder Bedienstete, sondern Beamte der Stadt Rom.[13] Wichtig ist hier allerdings, dass die an Karl gesandte Fahne durch eben diese Sendung schließlich doch zur Königsfahne wurde, zu der sie der Herrscher machte. Diesen Brauch der Herrschaftsübergabe durch Fahnen gab es bei den Franken schon seit längerer Zeit. Er fiel dann mit dem stadtrömischen Brauch, der dieses Ritual ebenfalls kannte, zusammen. So gebrauchte der neue Monarch diese stadtrömische Fahne in der folgenden Zeit sicher als seine Königsfahne. Allerdings konnte sich dieser Brauch nicht halten und die stadtrömischen Zeichen wurden nicht zu den Zeichen des Königs oder des Kaisers, sondern zu dem der Päpste.[14]

Unter Karls Nachfolgern finden wird ebenfalls kaum Zeugnisse, welche Aufschluss über das Aussehen und den Gebrauch des Adlers und der Königsfahne geben können. Der Adler erscheint einmal auf dem *Cingulum* des Bischofs Witgarius, welcher dieses als Geschenk Ludwigs des Deutschen und seiner Gemahlin Hemma bekommen hatte. Auf ihm sind Adler an beiden Enden eingewebt. Diese könnten ein Zeichen für die königliche Herkunft des Geschenks sein, wahrscheinlich aber ein Zeichen für das Streben nach Gott.[15] Der christliche Symbolgehalt des Adlers wurde ja schon in der Einleitung zu dieser Arbeit erwähnt. Beachtet man dies, so kann man hier wohl nur mit Einschränkungen an den Adler als königliches Zeichen denken.

Als Zeugnis für die Königsfahne könnte man hier eine Miniatur aus der Vivianusbibel Karls des Kahlen anführen. Neben dem Thron des Herrschers steht ein Krieger, welcher eine Lanze trägt, an der ein rotes Tuch befestigt ist. Hier stellt sich aber die Frage, ob diese nicht eher einen spätantiken Römer als einen Franken zeigt, wie man an Helm und Schild erkennen kann. Somit kann man auch hieran nicht das Aussehen einer Königsfahne festmachen.[16]

Die Siegel Karls III. zeigen immerhin eine kleine Fahne, die an einer Lanze angebracht ist.[17] Auch auf den Siegeln der nachfolgenden Herrscher taucht dieses Bild auf. Natürlich kann

[11] Ebd., S. 13.
[12] Ebd., S. 8-9 und 11.
[13] Ebd., S. 12-13.
[14] Ebd., S. 13-15.
[15] Korn, Johannes Enno, Adler und Doppeladler, S. 303-304.
[16] Erdmann, Carl, Kaiserfahne und Blutfahne, in: Sitzungsberichte der preußischen Akademie der Wissenschaften, philosophisch-historische Klasse (1932), S. 872.
[17] Posse, Otto (Hg.), Die Siegel der deutschen Kaiser und Könige von 751 bis 1806, Bd. 1, Dresden 1909, Tafel 3, Nr. 7 und 8.

man auch hier die Farben der Fahne nicht erkennen, aber wenigstens über deren Aussehen liefern uns die Siegel einige Informationen. Ähnlich wie die Fahne auf dem oben genannten Mosaik, so werden auch die späteren karolingischen Königsfahnen beschaffen gewesen sein: Ein Fahnentuch, das an einer Lanze befestigt ist. Die Tatsache, dass mit Hilfe einer Lanze die Herrschaft übertragen wurde, welche besonders im später ausgebildeten Lehnswesen eine bedeutende Rolle spielte, wird uns noch häufiger beschäftigen.

Dass eine Königsfahne nicht nur zur Herrschaftsübertragung benutzt wurde, sondern auch im Kampf dem König vorangetragen wurde, ist schon aus karolingischer Zeit bekannt. Aus einem Brief Alcuins an Eanbald von York erfahren wir von der Wichtigkeit der Fahne und der Aufgabe des Fahnenträgers (*signifer*).[18] Floh dieser, so verlor das Heer seinen Halt und die Niederlage war unausweichlich. So war es zwar einerseits eine große Ehre, die Königsfahne tragen zu dürfen, andererseits aber auch eine verantwortungsvolle Aufgabe. Karl III. ließ sich ebenfalls eine Fahne vorantragen.[19] Wahrscheinlich gab es mehrere Königsfahnen, die zu verschiedenen Zwecken gebraucht wurden. Die prunkvollste und größte wurde wohl im Heerlager aufgepflanzt, die leichter beweglichen wurden dem König vorangetragen.[20] Allerdings kann man in karolingischer Zeit noch nicht vom Amt des *signifer* sprechen, wie es in späteren Zeiten der Fall ist. Es scheint keine bestimmte Person zu sein, der zu dieser Zeit die Aufgabe übertragen wird, zeitweise scheinen es Grafen gewesen zu sein.[21]

3. Frühe Adler und Königsfahnen im Imperium

3.1. Die Ottonen

Interessant ist, dass im Zeitalter der Ottonen als erster wichtiger Hinweis auf das Aussehen einer königlichen Kriegsfahne von einem Engel die Rede ist, der vermutlich als Bild auf einer Fahne während einer Schlacht gegen die Ungarn angebracht war.[22] Gritzner geht davon aus, dass mit diesem Symbol nur ein umgestalteter Adler gemeint gewesen sein könne, da sonst nirgends von einem solchen Engel auf einer Kriegsfahne die Rede sei. Widukind habe nur, da der Adler für ihn ein heidnisches Zeichen gewesen sei, dieses Wort nicht in sein Werk auf-

[18] Zitiert bei Schramm, Percy Ernst, Herrschaftszeichen und Staatssymbolik. Beiträge zu ihrer Geschichte vom dritten bis zum sechzehnten Jahrhundert, Schriften der MGH, Bd. 2, Stuttgart 1954-1956, Anm. 2: „Sta fortiter in acie quasi signifer castrorum Christi. Si fugit vexillum ferens, quid facit exercitus? Si tuba tacet in castris, quis se praeparat ad bellum?"

[19] Schramm, Percy Ernst, Herrschaftszeichen und Staatssymbolik, Bd. 2, S. 654.

[20] Ebd., S. 654-655.

[21] Mehrere Belege in Schramm, Herrschaftszeichen und Staatssymbolik, Bd. 2, S. 674, Anm. 1.

[22] Widukind, lib. I, cap. 38 (MGH SS III, S. 435): „His optimis verbis erecti milites imperatoremque in primis, mediis et ultimis versantem videntes coramque eo angelum – hoc enim vocabulo effigieque signum maximum erat insignitum – acceperunt fiduciam magnamque constantiam."

nehmen wollen.[23] Erdmann allerdings gibt eine schlüssige Erklärung dafür, warum es sich tatsächlich um die Darstellung eines Engels gehandelt haben könnte: Zu jener Zeit gab es im Oströmischen Reich eine Fahne des Erzengels Michael. Diese sei von den frühen ottonischen Herrschern übernommen worden, da der Kult dieses Erzengels gerade in Blüte stand. Aufgrund dieses byzantinischen Vorbildes scheint es auch nicht, wie man annehmen könnte, eine plastische Engelsfigur gewesen zu sein, sondern wirklich eine auf der Fahne angebrachte Darstellung eines solchen. Allerdings blieb diese Fahne ein Einzelfall in der Geschichte.[24] Jedenfalls übernahm sie die übliche Funktion der Feldzeichen, sie hatte wohl sonst keine besonderen Aufgaben.

Einen Hinweis auf den Adler finden wir bei Widukind allerdings ebenfalls. Während der Sachsenkriege Karls des Großen sind es bei ihm die heidnischen Sachsen, welche nach dem Sieg auf dem östlichen Teil der Burg Scheidungen einen Adler aufstellen.[25] Hier kann man eine Parallele zum oben genannten Adler Karls des Großen sehen, welcher ebenfalls auf seiner Pfalz einen solchen errichtet hat.[26] Aus diesen Belegstellen kann man schließen, dass zu dieser Zeit Sieg und Machtübernahme durch das Anbringen eines plastischen Adlers kenntlich gemacht wurden.

Dass ein ähnliches Zeichen auch zur friedlichen Besitzübertragung benutzt wurde, erfahren wir aus der Zeit Ottos II. In einer Urkunde von 982 wird als vorsorgliche Handlung dem Kloster des Hl. Gorgonius in Gorze der Besitz des später tatsächlich im Kampf verstorbenen Herzogs Konrad von Lothringen *„sub fanono nostro, hoc est imperiali vexillo"* übertragen.[27] Zwar gibt es hier wie so oft keinen genauen Hinweis auf das Aussehen des *vexillum*. Es ist aber anzunehmen, dass es sich hierbei entweder um eine plastischen Adler wie bei der kriegerischen Übernahme eines Besitztums oder um die schon auf den Siegeln Karls III. gefundene Fahnenlanze handelte. Es scheint, dass der Aussteller der Urkunde das Zeichen als bekannt voraussetzt und daher keine Beschreibung beifügt. Da sowohl Adler als auch Fahnenlanzen schon spätestens in karolingischer Zeit bezeugt sind, war es also unnötig, Informationen über deren Aussehen zu geben. Über den Träger der Fahne erhalten wir in ottonischer Zeit weitere Informationen. Es gab wohl einen bestimmten *signifer*, der im Normalfall die Fahne trug, aber auch einen hohen Würdenträger des Reiches, der dies an besonderen Tagen übernahm.[28]

---

[23] Gritzner, Erich, Symbole und Wappen des alten deutschen Reiches, in: Leipziger Studien aus dem Gebiet der Geschichte, Bd. 8, Heft 3, Leipzig 1902, S. 19.
[24] Erdmann, Carl, Kaiserliche und päpstliche Fahnen im hohen Mittelalter, S. 20-22.
[25] Widukind, lib. I, cap. (MGH SS III, S. 422): "Hic arripiens signum quod apud eos habebatur sacrum, leonis atque draconis et desuper aquilae volantis [...]."
[26] Gritzner, Erich, Symbole und Wappen des alten deutschen Reiches, S. 19-20.
[27] MGH DD O II, Nr. 280, S. 325-326.
[28] Schramm, Percy Ernst, Herrschaftszeichen und Staatssymbolik, Bd. 2, S. 675.

Dass allerdings in ottonischer Zeit auch Adler und Fahnenlanze zusammen ein einziges Symbol darstellen könnten, beispielsweise einen plastischen Adler auf einer Lanze, an der ein Fahnentuch befestigt ist, könnte man aus den Glossen zu Prudentius aus dem 10. Jahrhundert schließen. Dort wird *„aquilas"* mit *„guntfanon",* also „Kriegsfahnen", übersetzt.[29] Dies wäre wohl widersinnig, wenn der Adler nicht an der Kriegsfahne befestigt wäre oder die Kriegsfahne gar keine Fahne, sondern eine Lanze ohne Fahnentuch wäre. Da die Quellenlage für diese Zeit sehr spärlich ist, lässt sich keine erschöpfende Auskunft darüber geben, ob Kriegsfahne und die Fahne als Kennzeichen der Besitzübertragung unterschiedlich aussahen oder nicht und ob Adler und Fahnenlanze tatsächlich zwei verschiedene Arten von Zeichen oder miteinander kombiniert waren. Für die Kombination spricht das Vorbild der römischen Legionsadler, welche ja einen plastischen Adler mit einem darunter angebrachten Fahnentuch darstellten. Viel wichtiger ist hier aber die Funktion der Zeichen, die im Gegensatz zu deren Aussehen aus den Quellen ersichtlich wird: In ottonischer Zeit und auch schon früher wurden Adlerzeichen bzw. Fahnen als Feldzeichen, als Zeichen der Machtübernahme und der Besitzübertragung gebraucht.

Erst unter Otto III. finden wir wieder einige, diesmal sogar bildliche Zeugnisse des Adlers, oft in Verbindung mit einem Kreuz. Die Übernahme des Adlersymbols durch diesen Herrscher ist wohl nicht zuletzt auf die byzantinische Prägung durch seine Mutter Theophanu und den Gedanken der *renovatio imperii Romanorum* zurückzuführen. Dies wird auch darin deutlich, dass gerade nach seiner Kaiserkrönung in Rom der Adler vermehrt auftaucht. Dass Adler und Kreuz oft gemeinsam erscheinen beweist einerseits die Übernahme des antik-römischen weltlichen als auch des christlichen Herrschaftsgedankens.[30]

Beide Symbole zusammen befinden sich beispielsweise auf einer Münze des Kaisers. Auf der Vorderseite befindet sich ein Kreuz und auf der Rückseite ein Adler.[31] Interessant in dieser Hinsicht ist das sogenannte Lotharkreuz des Aachener Domschatzes, in welches eine Gemme des Augustus eingearbeitet wurde. Auf dieser ist neben dem Kopf des Kaisers ein Adler zu sehen.[32] Obwohl nicht ganz gesichert ist, dass Otto III. wirklich der Stifter des Kreuzes war, könnte er durch dieses Kreuz zur Wiederaufnahme des römischen Konsularzepters der Imperatoren inspiriert worden sein, welches den Adler als Bekrönung trägt und deutlich auf dem

[29] Glossen zu Prudentius leider nicht auffindbar, Angabe s. Gritzner, Erich, Symbole und Wappen des alten deutschen Reiches, S. 20.
[30] Ebd., S. 22.
[31] Ebd., S. 22.
[32] S. Abbildung 1.

berühmten Evangeliar Ottos III. aus der Reichenauer Schule zu sehen ist.[33] Dort befindet sich ein Bild des Herrschers in Hoftracht. In der rechten Hand hält er besagtes adlerbekröntes Zepter, in der anderen eine Kugel, eventuell auch eine Scheibe, mit einem Kreuz.[34] Auch hier tritt wieder die Verbindung des römischen Kaisergedankens mit christlicher Herrschaft hervor. Die Kaisersiegel Ottos III. zeigen allerdings keine Adler auf dem Zepter, lediglich das Kreuz bleibt erhalten.[35]

Schwierig zu beurteilen ist in diesem Zusammenhang eine Darstellung des Aachener Evangeliars, auch Liuthar-Evangeliar genannt, welches entweder von Otto II. oder von Otto III. gestiftet wurde.[36] In früherer Zeit wurde es in die Zeit der Kaiserkrönung Ottos III. verortet. Allerdings ist dies später in Zweifel gezogen worden.[37] Sollte die neueste Datierung auf das Jahr 983 richtig sein, so gibt uns die Zeichnung Auskunft über das ottonische Herrschaftsverständnis zur Zeit der Königskrönung Ottos III. Der Herrscher sitzt in der Position, die üblicherweise Christus vorbehalten ist. Dass die Krönung außerdem am Weihnachtstag stattfand und die sonstige Bebilderung des Evangeliars stark durch Darstellungen von Christi Geburt geprägt ist, weist auf die Besonderheit des Neugekrönten hin, auf die durch die ottonischen Herrscher verkörperte Nachfolge Christi.[38] Sollte das Evangeliar, wie früher angenommen, nach der Kaiserkrönung des Herrschers gestiftet worden sein, wäre es nicht der Vater, sondern der Sohn selbst, der sich in diesem Zusammenhang sähe. An dem grundsätzlichen Herrschaftsverständnis würde sich aber dadurch nichts ändern.

Abgesehen von solchen Überlegungen gibt die Miniatur interessante Hinweise auf zeitgenössische Fahnen. Einerseits ist rechts über dem Herrscher ein Adler zu sehen, welcher auch hier schon die königlich-kaiserliche Herrschaft mit dem Romgedanken verbindet, andererseits befinden sich auf beiden Seiten des Throns Fahnenträger, welche durch ihre Kopfbedeckung als hohe Würdenträger, wahrscheinlich Herzöge, ausgewiesen sind. Sie tragen jeweils eine Lanze, an der ein rotes Tuch befestigt ist. Diese Fahnenlanzen könnten diejenigen sein, mit welchen Herrschaft übertragen wurde, wie wir schon weiter oben gesehen haben. Insofern wäre das Evangeliar ein Zeugnis dafür, dass für die Herrschaftsübertragung rote Fahnen ohne

---

[33] Gritzner, Erich, Symbole und Wappen des alten deutschen Reiches, S. 22-23; Wentzcke, Paul, Die deutschen Farben. Ihre Entwicklung und Deutung sowie ihre Stellung in der deutschen Geschichte, Heidelberg 1955, S. 14-15.

[34] S. Abbildung 2.

[35] Gritzner, Erich, Symbole und Wappen des alten deutschen Reiches, S. 23-24.

[36] S. Abbildung 3.

[37] Peters, Horst, Zur Datierung des Aachener Otto-Evangeliars auf das Jahr 983: http://archiv.ub.uni-heidelberg.de/artdok/volltexte/2006/234/pdf/Peters2006.pdf; s. auch die darin genannten Aufsätze von Mütherich, Kuder u.a.

[38] Peters, Horst, Zur Datierung des Aachener Otto-Evangeliar auf das Jahr 983, S. 6.

plastische Adler benutzt wurden.[39] Dass auf der Lanze kein Adler angebracht ist, sondern dieser getrennt von ihr erscheint, könnte darauf hindeuten, dass es zumindest zu dieser Zeit, also um 983, keine Herrschaftszeichen gab, bei denen Adler und Fahne kombiniert waren und dies bis in die Zeit Ottos III. fortwirkte. Wie wir gesehen haben, ist ja ohnehin keine Kombination von Adler und Fahne belegt. Auch wenn der Gebrauch des Adlerzepters durch Otto II. nicht belegt ist, könnte sich somit für das Ende der Herrschaft Ottos II. und vermutlich die gesamte Zeit Ottos III. eine Zweiteilung ergeben: Es gab ein Adlerzepter nach dem Vorbild der römischen Imperatoren, welches als Zeichen für den Herrscher selbst galt und eine Lanze ohne Adler, aber mit Fahnentuch, welche für die Übertragung von Besitztümern und Herrschaftsrechten verwendet wurde.

Diese Annahme wird bestätigt durch den letzten Ottonen, Heinrich II. Dieser übertrug laut Thietmar von Merseburg die Grafschaft des Herzogs Hermann an den Grafen Gerhard von Elsass.[40] Dies geschah mit einer *„lancea signifera"*, die nach besagter Quelle sowohl ein Lehen übertrug (*beneficium*) als auch die militärische Gewalt (*signum militare*).

Auf den Siegeln Heinrichs II. finden wir keinen Adler, wohl aber auf einer Münze, welche einen solchen Vogel zeigt, der dem auf dem Kameo des Lotharkreuzes ähnlich ist.[41] So führte der Herrscher die Tradition des Adlerzepters seines Vorgängers wohl nicht fort, brachte aber seine Herrschaft ebenfalls mit dem antiken Adlersymbol in Verbindung.

Interessant ist, dass wir ebenfalls aus der Zeit Heinrichs II. eine erste Darstellung eines Doppeladlers haben, der zuletzt im 7. Jahrhundert in Ostturkestan aufgetaucht war. Der Doppeladler aus ottonischer Zeit befindet sich daher auch auf Seidenstoffen aus dem vorderen Teil Asiens.[42] Allerdings kann man aufgrund der orientalischen Herkunft kein abendländisches Herrschersymbol oder gar einen tieferen Sinn darin erkennen. Er diente wohl lediglich als Schmuck. Bemerkenswert ist aber, dass der Doppeladler schon zu dieser Zeit im mittelalterlichen Reich bekannt war.

Obwohl das Kreuz losgelöst von Adler und Fahnen nicht als eigener Bestandteil der vorliegenden Arbeit behandelt werden soll, ist es nötig zu erwähnen, dass auch die Ottonen, auf Siegeln seit der Kaiserherrschaft Ottos I., auf Münzen schon früher, das Kreuz als Herrschaftssymbol nutzten. Es erscheint auf Kreuzstäben und auf der heiligen Lanze.[43] Dieses frühe Auftauchen des Kreuzes weist schon auf dessen späteren Gebrauch als Zeichen auf

---

[39] Bruckauf, Julius, Fahnlehn und Fahnenbelehnung im alten deutschen Reiche, Leipziger historische Abhandlungen, Heft 3, Leipzig 1907, S. 47.

[40] Thietmar, lib. V, c. 21 (MGH SS NS IX, S. 245): „E quibus unus, calliditate eque et velocitate persepe probatus, propius accessit signiferamque lanceam, qua beneficium ducis comes isdem acceperat a rege [...]."

[41] Gritzner, Erich, Symbole und Wappen des alten deutschen Reiches, S. 25. und Dannenberg?

[42] Korn, Johannes Enno, Adler und Doppeladler, S. 361-362.

[43] Gritzner, Erich, Symbole und Wappen des alten deutschen Reiches, S. 38-39.

einem Fahnentuch hin. Die Herrscher sahen sich seit jeher als christliche Herrscher und identifizierten sich mit dem Kreuzzeichen.
Zuletzt soll noch etwas zur Farbe der Fahnen und der Adler gesagt werden: Zwar erscheinen auf dem Evangeliar zur Königskrönung Ottos III. rote Fahnen. Dennoch kann man daraus nicht etwa schließen, dass die Fahnentücher an den Lanzen stets rot waren. Natürlich könnte sich diese Farbe angeboten haben, da sie einerseits weithin sichtbar war, andererseits aufgrund ihrer teuren Herstellung und ihrer Vornehmheit als Herrscherfarbe taugte. Sicher ist dies aber keineswegs, da besagtes Evangeliar das einzige farbige Zeugnis darstellt. Auch aus karolingischer Zeit gibt es, wie wir gesehen haben, keine Hinweise auf die rote Farbe. Auch für den Adler gibt es als Beleg für dessen Farbe nur das Bamberger Evangeliar Ottos III. Hier erscheint er golden. Es ist anzunehmen, dass er auch sonst diese Farbe hatte, da auch sonstige Zepter auf Miniaturen und ähnlichem golden sind. Man denke beispielweise an das Sakramentar Heinrichs II., welches eine goldene Lanze zeigt.[44]

3.2. Die Salier

Auf den Münzen Konrads II. finden wir den Adler auf einer Münze, welche den Herrscher als *rex* bezeichnet, also noch vor dessen Kaiserkrönung im Jahre 1027 geprägt worden sein muss. Auf der Königssiegeln ist aber von einem Adler keine Spur, lediglich Lilienzepter und ein Reichsapfel mit Kreuz werden in der Hand gehalten. Erst auf den Kaisersiegeln ab 1029 erscheint der Adler auf dem Zepter und zwar bis zur Zeit der Mitregentschaft seines Sohnes Heinrich.[45] Offenbar sah sich Konrad als König noch nicht in der Nachfolge der antiken Imperatoren, wohl aber als Kaiser. Bei Heinrich III. ist es seltsamerweise genau umgekehrt: Der Adler erscheint auf Königssiegeln, aber nicht auf den Kaisersiegeln.[46]
Abgesehen von der römischen Tradition gibt es, wie wir ja schon in der Einleitung festgestellt haben, auch eine christliche Tradition des Adlers. Diese könnte in der Salierzeit durch die *Historia* des Klosters Mouzon auf eine neue Grundlage gestellt worden sein. Dort heißt es, dass sich bei der Überführung der Gebeine des heiligen Arnulfs ein Adler auf dem Schiff niedergelassen und das Schiff sicher über das Wasser geführt habe.[47]
Ein Bischof, der von diesem Ereignis hört, gibt eine Deutung des Vogels: Er spielt sowohl auf die Visionen des Ezechiel als auch direkt auf den Adler des Johannes an. Außerdem bringt er

[44] S. Abbildung 4.
[45] Gritzner, Erich, Symbole und Wappen des alten deutschen Reiches, S. 25.
[46] Ebd., S. 25-26.
[47] Historia Monasterii Mosomensis, cap. 9 (MGH SS. XIV, S. 607).

den Raubvogel direkt in Verbindung mit den Herrschern, in dem er sagt: *„Quotiens huius avis nomen in proverbiis assumitur, regum potentium figura subintelligitur.“* Unschwer lässt sich daraus eine Anspielung auch auf den Adler des römischen Königs bzw. Kaisers erkennen, auch wenn der Satz eher allgemein gehalten ist.[48] Hier bekommt dieses heidnische Herrschersymbol eine christliche Bedeutung, die es, wir haben es schon oben gesehen, zwar schon lang hatte, die jetzt aber erneut ins Spiel gebracht wird.

Zwar erfahren wir aus Siegeln und Münzen nichts Konkretes über den Gebrauch des Adlerzepters oder sonstiger Adlerzeichen, es gibt allerdings aus der Zeit Konrads II. den *„Libellus de ceremoniis aule imperatoris“*, später Teil der *„Graphia aureae urbis Romae“*, worin der Autor den kaiserlichen Ornat und die kaiserlichen Insignien beschreibt. Der Kaiser trägt nach dem Vorbild Scipios – hier wieder eine deutliche Anspielung auf die römische Antike – ein Zepter mit einem goldenen Adler. Dieser soll Symbol für den Kaiser sein, der gleich einem Adler allen anderen voranfliegt. Auch Dalmatika, Hosen und Strümpfe des Kaisers sollten Adler tragen.[49]

Zwar haben wir kein Zeugnis davon, ob der kaiserliche Ornat wirklich so aussah. Es könnte sich auch lediglich um ein Wunschdenken des Autors oder, positiver ausgedrückt, um ein Programm für den Ornat handeln. Trotz allem wird der Einfluss des antiken Herrschertums auf die Herrschaftszeichen deutlich.[50] Der römische Adler war nach wie vor ein fester Bestandteil auch des mittelalterlichen Kaisertums.

Etwas besser informiert sind wir über die Adlerzeichen Heinrichs IV. Auch bei ihm findet sich das Adlerzepter auf seinen Königssiegeln, aber nicht auf seinen Kaisersiegeln. Das bedeutet allerdings nicht, dass Adlerzeichen nicht mehr im Gebrauch gewesen sein müssen.[51] Benzo von Alba berichtet beispielsweise von einem *„sceptrum imperii“*, das der Herrscher nach seiner Kaiserkrönung in der rechten Hand trägt.[52] Zwar muss man hier nicht unbedingt das Adlerzepter darunter verstehen, naheliegend ist es aber. Es gibt wohl kaum ein Symbol, welches kaiserliche Macht deutlicher zum Ausdruck bringen könnte.

Ein weiteres Zeugnis dafür, dass Heinrich Adlerzeichen geführt haben könnte, ist die Angabe im *Carmen de bello Saxonico*, dass der König während der Sachsenkriege *„signa fulgentia“* geführt habe.[53] Damit können eigentlich nur plastische Adlerfeldzeichen aus Metall gemeint

[48] Ebd., S. 26.
[49] Zitiert bei Korn, Johannes Enno, Adler und Doppeladler, S. 305.
[50] Ebd., S. 305-306.
[51] Gritzner, Erich, Symbole und Wappen des alten deutschen Reiches, S. 27.
[52] Benzo von Alba, cap. 9 (MGH SS XI, S.602): "In dextera vero sceptrum imperii / De more Iulii, Octaviani et Tiberii."
[53] Lib. III, ad annum 1075 (MGH SS rer. Germ. XVII).

sein. Es ist kaum anzunehmen, dass der Autor, der wohl auf die Sonne reflektierende Feldzeichen hinweist, Fahnentücher als „blitzend“ oder „strahlend“ bezeichnet hätte.
Ähnlich ungenau berichtet die *Vita Mathildis* über die Feldzeichen Heinrichs IV. bei der Belagerung von Montisbellum im Jahre 1092.[54] Donizo berichtet hier von einem *„vexillum large tensum“,* also von der weit ausgebreiteten Fahne des Königs. Hier kann wiederum nicht der Adler gemeint sein. Denn wie kann ein plastischer Adler weit ausgebreitet sein, der zudem noch als *vexillum* bezeichnet wird? Möglicherweise meinte der Autor die ausgebreiteten Flügel des Raubvogels. Dies ist aber eher unwahrscheinlich, da nirgendwo von Flügeln die Rede ist. Die Gleichsetzung von ausgebreiteten Flügeln mit Fahnen wäre vielleicht auch zu abstrakt und metaphorisch für das Denken dieser Zeit.
Es sollen hier noch zwei Belegstellen angeführt werden, die Auskunft darüber geben könnten, dass der Adler zu Kaiser Heinrichs IV. Zeiten als Feldzeichen gebraucht worden ist. Benzo von Alba berichtet: *„Tot igitur christianitas assurgat in laudem Creatoris, quia contra hostiles impetus reddit terribiles aquilas christianissimi imperatoris.“*[55] Er spricht also von Adlern und bringt sie in Verbindung mit dem Kaiser. Zwar weist Erdmann auf die antikisierende Ausdrucksweise mancher Autoren, u.a. auch Benzos hin, welche beispielsweise für Kloster *municipium* setzen und daher auch mit *„aquila“* schlicht eine Fahne meinten.[56] Dennoch gibt es genügend andere Hinweise auf tatsächliche plastische Adler, wenn auch keine eindeutigen Belege.
Die Frage ist nun, ob zur Zeit des Herrschers ausschließlich plastische Adlerfeldzeichen benutzt wurden oder etwa plastische Adler, die mit Fahnentüchern kombiniert waren. Für beide Versionen gibt es, wie wir gerade gesehen haben, Hinweise in den Quellen. Dort spricht man einerseits vom *„vexillum large tensum*“, andererseits von *„signa fulgentia*“. Obwohl es nirgends zu beweisen ist, scheint hier eine Verbindung von Adler und Fahnentuch am wahrscheinlichsten. Diese würde sowohl das Blitzen der Feldzeichen als auch die weit aufgespannte Fahne erklären. Es ist kaum anzunehmen, dass zur gleichen Zeit verschiedene Feldzeichen im Gebrauch des Königs bzw. Kaisers waren.
Weiterhin gibt es Quellen, die uns über die Farbe des kaiserlichen Fahnentuches Auskunft geben, aber wiederum nichts über dessen Gebrauch aussagen und auch keinen Adler mit dem Tuch in Verbindung bringen. Ein Schatzverzeichnis von Montecassino spricht von einer goldenen Kaiserfahne, einem *„fano imperialis totus aureus“.*[57] Allerdings sagt diese Textstel-

[54] Donizo, lib. II, V. 690 f. (MGH SS XII, S. 393): „Intrat festinans, regisque phalanx Canusinam / Vexillo large tenso properavit ad arcem.“
[55] Benzo von Alba, ad Henricum IV. Imperatorem, lib. I, cap. 4 (MGH SS XI, S. 601).
[56] Erdmann, Carl, Kaiserliche und päpstliche Fahnen im hohen Mittelalter, S. 31.
[57] Chronik von Montecassino, lib. III, cap. 74 (MGH SS VII, S. 754).

le nichts darüber aus, um welche Art Fahne es sich handelt. Weiterhin gibt es das französische Rolandslied, welches zur Salierzeit entstand und die Fahne Karls des Großen als *„orie flambe“* (V. 3093) bezeichnet.[58] Das Wort *„flambe“* führt Erdmann auf die byzantinische *„flammula“* zurück. Dieser Ausdruck wurde wohl als Lehnwort aus dem Griechischen übernommen.[59] Als drittes könnte eine Passage aus der *„Ystoire de li Normant“* des Amatus von Montecassino als Beleg dafür angesehen werden, dass die Kaiserfahne golden war. Diese führt uns auf die Zeit Konrads II. zurück, der im Jahre 1038 Rainulf, einen Normannen, mit einer Fahnenlanze belehnte. 1045 hätten die Normannen Asclitin, dessen Nachfolger, von sich aus belehnt und ihm dabei eine goldene Fahne, einen *„gonfanon d'or“* , überreicht.[60] Obwohl die Zeugnisse nicht aus dem deutschen Sprachraum stammen und teilweise frühere Ereignisse beschreiben, kann man davon ausgehen, dass es zur Zeit der Salier eine goldene Königsfahne gegeben hat. Es war naheliegend, eines der wertvollsten Materialien auch für den höchsten Würdenträger zu verwenden. Es entsprach wohl der Vorstellung der Zeit, dass die Fahne des Königs und des Kaisers golden sein musste.[61]

Die Bezeichnung *„gonfanon“*, Kriegsfahne, weist darauf hin, dass es ein herrschaftliches Feldzeichen war, das diese Farbe hatte. Der Gebrauch bei der Belehnung im Fall des oben genannten Normannen zeigt, dass wohl auch das Fahnentuch der Fahnenlanze golden war, die für diesen Zweck herangezogen wurde.

Etwas vereinzelt steht die Tatsache, dass der Herrscher auf einigen Münzen eine Lanze mit einem Kreuz trägt, an der teilweise ein Wimpel befestigt ist. Gritzner sieht darin den Vorläufer der späteren Kreuzfahne des Reiches. Dafür gibt es aber sonst keine Anhaltspunkte. Dieses Zeugnis hat keine Vorgänger oder Nachfolger.[62]

Für die Zeit Heinrichs V. haben wir glücklicherweise wieder eine bildliche Darstellung des Adlers und zwar in dessen Evangeliar, welches in die Zeit von 1106 bis 1111 datiert wird. Auf dem Repräsentationsbild ist der Herrscher in sitzender Position zu sehen, der in der rechten Hand ein goldenes Zepter mit gleichfarbigem Adler trägt, in der linken den Reichsapfel mit Kreuz. Hier sind also wieder beide Symbole, Kreuz und Adler, miteinander verbunden. Dies ist auch in einem weiteren Bild der Fall, auf dem Heinrich IV. mit seinen Söhnen

[58] Erdmann, Carl, Kaiserliche und päpstliche Fahnen im hohen Mittelalter, S. 22; Ders., Kaiserfahne und Blutfahne, S. 870.

[59] Ders., Kaiserliche und päpstliche Fahnen im hohen Mittelalter, S. 23-24.

[60] Amatus Casinensis, Ystoire de li Normant, ed. O. Delarc, Rouen 1892, lib. III c. 31: „Et portoient li Normant lo gonfanon d'or, de loquel de la main droite lo prince en revestit Asclitine.“

[61] Vgl. Erdmann, Carl, Kaiserliche und päpstliche Fahnen im hohen Mittelalter, S. 23; Ders., Kaiserfahne und Blutfahne, S. 870-871.

[62] Gritzner, Erich, Symbole und Wappen des alten deutschen Reiches, S. 39.

Heinrich (V.) und Konrad dargestellt ist. [63] Alle drei tragen in der rechten Hand eine Kugel mit einem Vogel, wohl einem Adler, darauf, in der linken Hand befindet sich jeweils ein Zepter mit einem Kreuz. Das Evangeliar weist aber nicht nur auf die Kombination von Adler und Kreuz hin, welche wir schon spätestens seit Otto III. bildlich dargestellt finden und im weiteren Verlauf immer eine bedeutende Rolle spielen wird, sondern auch auf das Herrschaftsverständnis Heinrichs V., der trotz des Zerwürfnisses mit seinem Vater die Kontinuität der Dynastie gewahrt sieht. Die Anwendung der beiden wichtigen Symbole deutet darüber hinaus auf die lange Tradition des weltlichen und zugleich christlichen Herrschaftsverständnisses hin.

Auf den Siegeln des Herrscher taucht der Adler nicht auf, wohl aber auf Miniaturen in der Weltchronik Ekkehards von Aura. Eine davon weist noch auf die Zeit seines Vaters zurück, es zeigt den sitzenden Heinrich IV., welcher einen Stab mit einem Adler trägt. Auf der zweiten findet sich Heinrich V. selbst, welcher von Paschalis II. die Reichsinsignien übertragen bekommt. Diese Darstellungen bestätigen den Gebrauch des Adlerzepters.

Auch auf Münzen des Herrschers kommt der Adler vor. Sie zeigen diesen in flugbereiter Position mit rückwärts gedrehtem Kopf und, auf einer Münze des Bischofs Otbert von Lüttich, mit der Umschrift *„A(quila) victrix"*, welche uns in der Stauferzeit noch häufiger begegnen wird.[64]

Dass Adler in der Zeit Heinrichs V. als Feldzeichen benutzt wurden, womit in dieser Zeit, wie oben festgestellt, eigentlich nur plastische Adler gemeint sein können, könnte aus einer Bemerkung aus dem *Chronicon Boemorum* hervorgehen, welches Konrad II. auf einem Heerzug gegen Böhmen Adlerzeichen tragen lässt.[65]

Einen weiteren, noch wichtigeren Beleg für Adlerfeldzeichen liefert uns eine Miniatur der Lyoneser Prudentiushandschrift. Darauf sind Fahnenträger abgebildet, welche jeweils eine Fahne tragen, die in drei Zipfeln ausläuft. Darüber ist ein plastischer Adler angebracht.[66] Hier sieht man zum ersten Mal auch Fahnentuch und Adler miteinander kombiniert. Wir haben gesehen, dass zur Zeit Heinrichs IV. die Autoren der maßgeblichen Quellen von blitzenden Feldzeichen und weit aufgespannten Fahnen reden. Da wir jetzt sogar bildliche Zeugnisse von solchen kombinierten Feldzeichen haben, ist es anzunehmen, dass diese zur Zeit Heinrichs IV. schon genauso beschaffen waren. Nehmen wir die Zeugnisse über die goldenen kaiserli-

---

[63] S. Abbildung 5.

[64] Dannenberg, Hermann, Die deutschen Münzen der sächsischen und fränkischen Kaiserzeit, Bd. 1, Aalen 1967, S. 118, Nr. 214.

[65] Cosma, Chronicon Boemorum, lib. II, cap. 9 (MGH SS IX, S. 72): „Ipse autem caesar castra metatus est ex utraque parte fluminis Rezne. Postera autem die pertransiens castrum Kaub cum admoveret aquilas silvae, quae dirimit Bawariam atque Boemiam."

[66] Stettiner, Richard, Die illustrierten Prudentius – Handschriften, Tafelband, Berlin 1905, Tafel 186, 16.

chen Fahnen hinzu, so ist anzunehmen, dass die Feldzeichen sowohl einen plastischen Adler als auch ein goldenes Fahnentuch trugen. Dies wird Heinrich V. von seinem Vater übernommen haben.

Interessant ist es nun noch, dass ab der frühen salischen Zeit die Würde des *signifer*, der das Feldzeichen des Königs trug, an bestimmte Personen gekoppelt war. Konrad II. vergab das Amt an eine Familie, die sich durch den Vornamen Werner kennzeichnete und ursprünglich in Hessen, an der mittleren Lahn, ansässig war. Dennoch galten sie als Schwaben.[67] Die Angehörigen dieser Familie hatten eine hohe Stellung am Hofe der salischen Herrscher. Die Familie Werner stammte aus der Schicht der Ministerialen. Nach der Wahl Konrads zum König wurde der erste Werner, ein enger Vertrauter des Herrschers, unter die Reichsministerialen erhoben. Er wurde als *primicerius*, als erster Mann bei Hofe, und als *signifer regis* bezeichnet. Wahrscheinlich war er auch *Maiordomus*. Er war somit einer der ersten Ministerialen, die eine solche hohe Stellung erhielten.[68] Der letzte *signifer* mit dem Namen Werner starb 1121, er spielte unter Heinrich IV. und dessen Nachfolger gleichermaßen eine wichtige Rolle. Seine hohe Stellung wird u.a. daran deutlich, dass er im Jahre 1106 die Reichsinsignien nach Mainz brachte. Ab 1090 wurde dieser letzte Werner nach Grüningen benannt, das als Markgröningen in Württemberg identifiziert wurde.[69] Eventuell erhielten die Werner zusammen mit dem Fahnenträgeramt auch schon das Lehen Markgröningen, auch wenn diese Kombination zu dieser Zeit noch nicht belegt ist. Jedenfalls wird sich diese Arbeit später noch mit dieser Verbindung von Amt und Lehen zu beschäftigen haben.

3.3. Lothar III.

Für die Zeit Lothars III. sehen wir weder auf Münzen noch auf Siegeln einen Adler. Einen Hinweis auf den Gebrauch des Adlers könnte der wohl noch zur Regierungszeit fertiggestellte Hildesheimer Albani-Psalter sein. Dort sehen wir in der Initiale zu Psalm 77 (*„Attendite, popule meus, legem meam!“)* eine Säule, auf der ein Adler mit ausgebreiteten Flügeln sitzt. Obwohl mit den zwölf umstehenden Männern wohl auf die zwölf Stämme Israels hingewiesen werden soll, erinnert die Szene an einen mittelalterlichen königlichen Gerichtstag. Der Adler könnte somit als Zeichen der königlichen Gerichtsbarkeit und Gerechtigkeit gedeutet werden.[70] Allerdings könnte der Albani-Psalter auch schon in die Zeit der frühen Staufer

---

[67] Schramm, Percy Ernst, Herrschaftszeichen und Staatssymbolik, Bd. 2, S. 675.
[68] Ebd., S. 678.
[69] Ebd., S. 676.
[70] Korn, Johannes Enno, Adler und Doppeladler, S. 335.

gehören. Dies ist aufgrund der unsicheren Datierung nicht zu klären. Der Bedeutungsgehalt bliebe aber wohl weitgehend gleich.

Aus der *Historia Mediolanensis* erfahren wir, dass Lothar III. Herzog Konrad von Schwaben zum *„vexillifer imperatoris"* ernannte.[71] Das Amt und das Lehen Markgröningen waren nach dem Tod des letzten Werner an die Welfen vergeben worden. Da die Staufer sich dagegen wehrten, wurden diese im Jahre 1135 letztendlich mit dem Amt des Fahnenträgers und den dazugehörigen Besitztümern belehnt. Als schließlich die Staufer selbst die römischen Könige stellten, vergaben sie das Lehen an andere weiter, wie wir später noch sehen werden.[72] Dass sich um diese Aufgabe und diesen Besitz ein solcher Konflikt entspann, macht deutlich, wie bedeutend das Amt des *signifer* bzw. *vexillifer* zu dieser Zeit war.

4. Die Staufer – Die Adler und Fahnen des „genus aquilae"

4.1. Die Entwicklung bis Friedrich I.

In der Regierungszeit Konrads III. spielt der Adler nur eine untergeordnete Rolle. Auf den meisten Siegeln und Münzen erscheint der Herrscher mit Lilienzepter und Reichsapfel. Lediglich auf einer Münze, welche Konrad der Stadt Genua im Jahr 1138 neu verleiht, ist ein fliegender Adler zu sehen.[73] Das Symbol scheint also nicht ganz außer Gebrauch gewesen sein.

Ein Zeugnis für das Aussehen der königlichen Fahne der Zeit könnte ein Kölner Emaillebild bieten, welches um die Mitte des 12. Jahrhunderts entstanden ist. Allerdings ist auch eine Datierung in die Zeit Friedrich Barbarossas möglich. Zwar fand die Erhebung der Gebeine Heriberts schon 1147 statt, in den für sie gefertigten Schrein wurden sie aber erst 1160 oder 1170 übertragen. Zwischen diesen beiden Daten wird wohl das Bild entstanden sein. Darauf sehen wir den Herrscher, der an Erzbischof Heribert von Köln eine Lehnsfahne übergibt. Er gebraucht dazu neben dem Zepter auch eine Fahnenlanze, deren Fahnentuch hauptsächlich blau ist, aber in drei goldenen Zungen ausläuft.[74] Abgesehen davon, dass wir hier zum ersten Mal einen Beleg über die Belehnung eines geistlichen Fürsten mittels einer Fahnenlanze haben, wird durch dieses vereinzelte Beispiel leider nicht deutlich, ob die königliche Fahne

[71] Landulfi de Sancto Paulo historia Mediolanensis, cap. 61 (MGH SS XX, S. 46): „Interea princeps Conradus, altiori conscilio potitus, imperatoris Lotarii vexilifer est factus."

[72] Schramm, Percy Ernst, Herrschaftszeichen und Staatssymbolik, Bd. 2, S. 676.

[73] Gritzner, Erich, Symbole und Wappen des alten deutschen Reiches, S. 31-32.

[74] Erdmann, Carl, Kaiserfahne und Blutfahne, S. 869; Aus'm Weerth, Kunstdenkmäler des christlichen Mittelalters in den Rheinlanden I, Abt. III, Bonn 1868.

zur Zeit Konrads III. eine bestimmte Farbe gehabt haben muss. Allerdings werden wir sehen, dass zur Zeit Barbarossas eine ähnliche Fahne im deutschen Rolandslied erwähnt wird.

Obwohl die Züge ins Heilige Land die Zeit sehr prägten, hatte der erste Kreuzzug so gut wie keinen Einfluss auf die in dieser Arbeit untersuchten Herrschaftszeichen im Reich. Auch der zweite spielte kaum eine Rolle. In den *Wibaldi epistolae* heißt es lediglich, dass sich Konrad III. „*sub vexillo sanctae crucis*" auf den Weg ins Heilige Land gemacht habe.[75] Allerdings kann man hieraus nicht erkennen, dass damit wirklich eine Fahne gemeint sein muss. Schon seit den christlichen Texten der Spätantike ist oft von einem *vexillum crucis* die Rede. Es bedeutet aber lediglich ein wie auch immer geartetes Kreuzzeichen, entweder ein Kreuz auf Kleidungsstücken, ein Vortragekreuz oder manchmal auch nur die Bekreuzigung selbst. So wird es auch wohl zur Zeit des ersten staufischen Herrschers sein, denn in dieser Zeit ist nirgends von einer Kreuzfahne die Rede, nicht einmal im Zusammenhang mit den Kreuzzügen selbst, wo man sich lediglich ein Kreuz an die Kleidung heftete.[76]
In der Regierungszeit Friedrichs I. tritt der Adler nun viel häufiger auf als je zuvor, und zwar in allen Bereichen: In der Architektur, als Lehnsfahne und als Feldzeichen. So erscheint der Adler auf einem Pfeilerrelief im Züricher Münster, auf dem ein König mit einem Zepter auf Felix und Regula, die Patrone des Großmünsters, zureitet. Hinter dem Herrscher sitzt ein Adler, der zum König schaut, auf einem Ast. Die Darstellung erinnert an die Funktion des Adlers im Albani-Psalter. Er ist Symbol der königlichen Würde und Gerechtigkeit.[77]
Auch auf einem Kapitell der staufischen Gelnhausener Kaiserpfalz sehen wir einen Adler in zentraler Position, nämlich in der Mitte der Eingangshalle. Die dortige Positionierung deutet darauf hin, dass dieser Adler mehr als nur Schmuck sein kann, sondern auch als Zeichen herrschaftlicher Macht dient.[78] Die Form des Raubvogels weist auf byzantinische Vorbilder hin, gibt aber auch schon einige islamische Einflüsse zu erkennen. Diese Gestalt des Adlers scheint auch sonst im Reich gebräuchlich gewesen zu sein. Beispielweise zeigt ein Fürspan, der ebenfalls aus dem 12. Jahrhundert stammt, eine sehr ähnliche Gestaltungsweise. Interessant ist, dass die Kreuzzüge und die dadurch entstandenen islamisch-orientalischen Einflüsse gerade im staufischen Adler zu finden sind.[79]

---

[75] Jaffé, Bibliotheca Rerum Germanicarum. I, Wibaldi epistolae Nr. 68, S. 144.
[76] Erdmann, Carl, Kaiserliche und päpstliche Fahnen im hohen Mittelalter, S. 34; Gritzner, Erich, Symbole und Wappen des alten deutschen Reiches, S. 40.
[77] Korn, Johannes Enno, Adler und Doppeladler, S. 335; s. dort Abb. 64.
[78] Ebd., S. 336.
[79] Deér, Josef, Adler aus der Zeit Friedrichs II.: Victrix aquila, in: Schramm, Percy Ernst (Hg.), Kaiser Friedrichs II. Herrschaftszeichen, Göttingen 1955, S. 91-94, s. dort Abb. 43 und 45.

Auch sehen wir, dass zur Regierungszeit Friedrichs I. der Adler allmählich zum allgemeinen Erkennungszeichen des Königs und Kaisers, also heraldisch wird. Dies erkennt man beispielsweise daran, dass im Laufe der zweiten Hälfte des 12. Jahrhunderts immer mehr Reichsfürsten auf ihren Reitersiegeln den Adler im Schild führen. Nur drei Fürsten führen keinen Adler.[80] Aus den letzten Regierungsjahren Friedrichs erfahren wir, dass er auch selbst den Adler im Schild getragen hat. Es gibt eine Münze des Herrscher, in Maastricht geschlagen, welche einen Adlerschild zeigt mit der Umschrift *scutum imperatoris*.[81] Bis spätestens zum Tode des Kaisers ist der Adler also endgültig zum unverwechselbaren herrschaftlichen Zeichen avanciert. Damit hatte die Heraldik auch das römische Reich erreicht. Auch schon für die Zeit der Schlacht von Legnano im Jahre 1176 gibt es Hinweise, die sowohl etwas über die Wichtigkeit der Träger von kaiserlichen Insignien während des Kampfes aussagen als auch schon ein kaiserliches Schild nennen. So schreibt Radulfus de Diceto, dass die Mailänder nach besagter Schlacht in ihrem Siegesbericht an Bologna ein *scutum imperatoris* erwähnen, welches sie erbeutet hätten.[82] Die *Annales Pegaviensis* sprechen allerdings nur von einem *signum imperatoris*.[83] Letztgenannte Quelle weist auch daraufhin, wie wichtig die Position des kaiserlichen *signifer* war. Sobald dieser und mit ihm die Zeichen des Kaisers verschwunden war, konnte die Schlacht nicht mehr gewonnen werden. Allerdings ist es seltsam, dass der *signifer* laut Radulfus das Schild des Kaisers trug und nicht der Kaiser selbst. Das Wort *scutum* könnte also auch im übertragenen Sinne verwendet worden sein.

Auch der Doppeladler taucht Ende der Regierungszeit Friedrichs auf, allerdings nur einmalig, nämlich auf dem sogenannten „Kremser Pfennig" von 1189, der oft als Kreuzzugsmünze Barbarossas eingestuft wird. Allerdings kann man in diesem Doppeladler nicht das eigentliche kaiserliche Symbol sehen, da vorher und auch später noch lange der einköpfige Adler als Herrschaftszeichen zu sehen ist.[84] Ludwig von Saarwerden führte 1180 ebenfalls einen Doppeladler in seinem Siegel. Hier ist aber der Fall gegeben, dass zwar einerseits der Adler als Zeichen der vom Kaiser verliehenen Würde übernommen wird, andererseits zum Zwecke der Differenzierung vom eigentlich kaiserlichen einfachen Adler der Doppeladler benutzt wird.[85]

---

[80] Korn, Johannes Enno, Adler und Doppeladler S. 336.
[81] Ebd., S. 337; Suhle, Arthur, Deutsche Münz- und Geldgeschichte von den Anfängen bis zum 15. Jahrhundert, Berlin ²1964, S. 119, Abb. 187.
[82] Ex Radulfi de Diceto Ymaginibus Historiarum, (MGH SS XXVII, S. 268) : „Scutum imperatoris, vexillum, crucem et lanceam habemus".
[83] Annales Pegavienses ad annum 1176 (MGH SS XVI, S. 261): „Sed ubi signum imperatoris disparuit, nostris ignorantibus eum cum paucis cessisse et evasisse, tunc nostri sarcinis et armis abiectis cedebant."
[84] Bleisteiner, Claus D., Der Doppeladler von Kaiser und Reich im Mittelalter. Imagination und Realität, in: Mitteilungen des Instituts für österreichische Geschichtsforschung 109 (2001), S. 7-8.
[85] Ebd., S. 6-7.

Über die Feldzeichen Friedrichs I. erfahren wir, dass diese auch Adler gewesen sein müssen. So werden sie in kaiserlichen Erlassen als *„aquilae victrices"*, als siegreiche Adler, bezeichnet.[86] Diese Bezeichnung sahen wir schon bei Heinrich V.[87] Dass sie aber nun häufiger auftritt, weist auf ein gewachsenes Selbstbewusstsein des Herrschers hin. Die Feldzeichen, die hier wohl auch deutlich auf die antik römischen Legionsadler hinweisen, werden vor allem nach den ersten Erfolgen der Italienzüge Barbarossas durch das Attribut *victrix* als dauerhaft siegreich dargestellt. Auf die Ähnlichkeit mit römischen Heeresadlern weist auch schon Gritzner hin[88] und bietet einige Hinweise auf den Gebrauch von Adlern. So schreibt Gunther in seinem *Ligurinus* von dem strahlenden Vogel der kaiserlichen Kohorten.[89] Zwar liegt auch hier ein etwas antikisierender Sprachgebrauch vor, es gibt aber noch andere Zeugnisse, die auf den Gebrauch von Adlern hinweisen. Gottfried von Viterbo erwähnt in seinen *Gesta Frederici* die *regales aquile* oder schreibt den *regia signa* das Prädikat *volant* zu.[90] Vergleicht man damit die Darstellung des Saxo Grammaticus, so ist wohl davon auszugehen, dass die herrschaftlichen Feldzeichen so ausgesehen haben, dass an einer Lanze ein Fahnentuch befestigt war, auf der ein Adler angebracht war. Es ist daher anzunehmen, dass die Lehnsfahnen und die Feldzeichen Friedrichs gleich ausgesehen haben, zumal ja auch mit dem Lehen die Verpflichtung zur Heeresfolge gegeben war.

Nun gibt es noch zwei Belege, welche Aufschluss über die Farbgebung des Fahnentuches geben könnten. Da ist zum einen die Angabe aus dem Rolandslied des Pfaffen Konrad, welches Karl dem Großen eine Fahne mit dem Bilde Christi und dem des Petrus zuschreibt, welche in goldenen Zungen ausläuft.[91] Eine ähnliche Fahne erschien schon, wie wir weiter oben gesehen haben, auf einem Kölner Emaillebild aus dem 12. Jahrhundert. Dennoch scheint diese Gestaltung der Fahne wohl eher der Fantasie des Autors zu entspringen, der zudem wohl noch von dem Aussehen der *orie flambe* aus dem französischen Rolandslied inspiriert wurde.[92] Aufschlussreicher ist die Notiz des Vincenz von Prag, welcher 1159 die *vexilla imperialia* mit dem Attribut *rosea* versieht.[93] Somit scheint das Fahnentuch unter dem Adler

[86] So beispielsweise in MGH Const. I, Nr. 203: „[...] et ad plenariam imperii reformationem exercitum nostrum et victrices aquilas feliciter convertemus."

[87] S.o.

[88] Gritzner, Erich, Symbole und Wappen des alten deutschen Reiches, S. 35.

[89] Gunther der Dichter, Ligurinus, lib. VII, v. 504 (MGH SS rer. Germ. LXIII, S. 390): „At qua cesariae signum Latiale cohortis / Regia fulget avis [...]."

[90] Gotifredi Viterbiensis Gesta Frederici, v. 61 (MGH SS XXII, S. 309): „Regales aquile veniunt ad plana Verone"; Ebd., v. 261, S. 313: „Regia signa volant; pax datur inde bona."

[91] Das Rolandslied des Pfaffen Konrad, hg. von Dieter Kartschoke, Frankfurt/M 1970, V. 7895-7902: „Gotefrit den van nam / unsers herren bilde was dar an. / sine flammen waren guldine / alser uns noch scol erschinin / ze sinem urtaile / den rechten ze haile / sente Peter ze sinen fuzen / also er im den gewalt hete verlazen."

[92] Erdmann, Carl, Kaiserfahne und Blutfahne, S. 870.

[93] Vincentii Pragensis Annales ad annum 1159 (MGH SS XVII, S. 677): „In ipsa secunda feria prima die rogationum imperialia rosea vexilla et exercitus suo ordine dispositi ante ipsas portas Mediolanenses progrediuntur."

eine hellrote Farbe gehabt zu haben. Ebenfalls bei Vincenz erfahren wir, dass gleich dem König bzw. Kaiser auch die Herzöge von Böhmen und Konrad, der Pfalzgraf bei Rhein und Bruder Friedrichs, rote Fahnentücher an den Lanzen trugen.[94] Vielleicht kann man dies auch auf andere Reichsfürsten ausdehnen, da sie alle ihr Lehen und somit die Heeresgewalt vom Herrscher übertragen bekommen hatten.

Gritzner gibt noch einige Stellen an, die deutlichen machen sollen, dass es für den Kaiser selbst ein eigenes *vexillum* gegeben habe, welches in Schlachten bestimmten Fürsten anvertraut worden sei.[95] Allerdings spricht nichts dagegen, dass auch hier die mit einem Fahnentuch kombinierten Adlerfeldzeichen gemeint waren, welche auch von den Herzögen geführt wurden.

Auf den Siegeln des Herrschers finden wir überhaupt keinen Adler, was etwas seltsam anmutet, da er sonst in der frühen Stauferzeit stärker als zuvor hervortritt. Nur auf einigen Brakteaten, welche von den kaiserlichen Vögten Albrecht von Brandenburg und Walther in Goslar ausgegeben wurden, ist er zu sehen.[96] Sicher ist der Adler auch hier schon das unverwechselbare Zeichen des Kaisers, wie es auch in den Reichsfürstensiegeln auftritt. Auch eine doppelseitige Münze gibt es, die den Herrscher mit einem Adler zeigt, der auf dessen linker Hand sitzt.[97] Interessant ist, dass auf einigen markgräflichen Münzen eine Fahne zu sehen ist.[98] Diese Fahne stellt vermutlich die königliche Lehnsfahne dar, welche dem Markgrafen verliehen worden ist. Wenn auch auf diesen Münzen kein Adler auf der Lanze - was wohl aufgrund der noch nicht ausgereiften Darstellungskunst und der Kleinheit der Münzen nicht möglich war - oder auch sonst zu sehen ist, so soll wohl dennoch durch die Abbildung dieser Fahne die Nähe zum König und dessen herrschaftliche Gewalt, die durch die Belehnung auch auf den Markgrafen übergegangen ist, zum Ausdruck gebracht werden.

Zur Zeit Friedrichs I. wurde auch die Sitte wieder aufgenommen, gewaltsame Inbesitznahme von Städten und Gebäuden durch das Aufpflanzen einer Fahne bzw. eines Feldzeichens anzuzeigen. So geschah es im Falle des eroberten Mailands im Jahre 1158. Dort wurde auf dem höchsten Kirchturm der Stadt das kaiserliche Zeichen aufgestellt.[99] Da die Quellen einmal vom *signum aquile* und ein anderes Mal vom *signum imperialis vexilli* sprechen, ist anzunehmen, dass es sich auch hier wieder um das Feldzeichen des Herrschers handeln muss:

---

[94] Ebd., S. 677, 678.
[95] Gritzner, Erich, Symbole und Wappen des alten deutschen Reiches, S. 36, Quellen s. dort.
[96] Beschrieben bei: Ebd., S. 37.
[97] Beschrieben bei: Ebd., S. 37.
[98] Suhle, Arthur, Deutsche Münz- und Geldgeschichte von den Anfängen bis zum 15. Jahrhundert, S. 106-109.
[99] Otto Morena (MGH SS XVIII, S. 608): „Et promiserunt ponere signum aquile super campanile ecclesie maioris in signum fidelitatis." ; Gesta Friderici Imperatoris, lib. III (MGH SS XX, S. 441): „Cum assensus ac favor omnium accessisset, pacem dextrasque accipiunt, signumque imperialis vexilli in civitate receptum pro indicio victoriae erigitur."

Eine Lanze mit Fahnentuch und einem aufgesetzten plastischen Adler. Im Falle Mailands wird besonders gut das Selbstverständnis deutlich, welches durch diese Handlung zum Ausdruck kommt: Das Adlerzeichen verkörpert die Macht des Kaisers, das Anbringen auf dem höchsten Kirchturm ist ein Zeichen des Triumphes, der Allgewalt des Herrschers und eine Warnung für künftige Feinde.[100]

Das Kreuz gewinnt unter Friedrich Barbarossa vor allem durch den dritten Kreuzzug an Bedeutung, nachdem ja, wie wir festgestellt haben, die beiden vorangegangenen Kreuzzüge kaum Einfluss auf die kaiserlichen Herrschaftszeichen hatten, abgesehen von der islamischen Prägung einiger Adlerfiguren. Auch bis zum Aufbruch des Kaisers ins Heilige Land spielt das Kreuz kaum eine Rolle. Es erscheint viel mehr auf der Seite der Gegner.[101] Erst in den *Anonymi Gesta di Frederico in Italia* sieht man auf einer Miniatur den Kaiser als Kreuzfahrer mit einem goldenen Kreuz auf Brust, Schild und Reichsapfel.[102]

Das Kreuz war von Anfang an das allgemeine Zeichen der Kreuzfahrer gewesen. Es wurde an der Kleidung befestigt. Im dritten Kreuzzug schließlich setzte jeder teilnehmende Herrscher auf der Zusammenkunft von Gisors im Jahre 1188 die Farbe des Kreuzes fest, unter der sein Heer am Kreuzzug teilnahm: Der französische König wählte die rote Farbe, der englische die weiße und die Flamen trugen ein grünes Kreuz. Allerdings ist unklar, ob man sich daran hielt. Da Friedrich I. die Leitung des deutschen Kreuzzuges selbst übernahm, stand er wohl außerhalb dieser Vereinbarungen.[103] Ob wir von der oben genannten Miniatur auf ein goldenes Kreuz als Symbol für das deutsche Heer schließen können, wird wohl unsicher bleiben, da diese Darstellung die einzige ist. Möglich wäre es allerdings, da Gold wohl am besten geeignet war als Farbe des ranghöchsten europäischen Herrschers zu fungieren. Eventuell war damit auch ein Anspruch auf die Herrschaft über Jerusalem verbunden, da auch das Kreuz des gleichnamigen Königreiches golden war.[104] Allerdings ist es wohl wenig wahrscheinlich, dass man vom späten Auftauchen des Kreuzes bei Friedrich Barbarossa auf eine allgemeine besondere Stellung desselben in den kaiserlichen Herrschaftszeichen schließen darf. Der Kaiser trägt lediglich als Kreuzfahrer das Kreuz. Es kann nicht schon auf das Vorhandensein einer Kreuzfahne geschlossen werden. Diese taucht in der Tat erst bei Heinrich VI. auf. Für die

---

[100] Vgl. Gritzner, Erich, Symbole und Wappen des alten deutschen Reiches, S. 35.
[101] Ebd., S. 40-41.
[102] S. Abbildung 6.
[103] Wentzcke, Paul, Die deutschen Farben, S. 17; Erdmann, Carl, Kaiserliche und päpstliche Fahnen des hohen Mittelalters, S. 37-39.
[104] Vgl. Wentzcke, Paul, Die deutschen Farben, S. 30.

Kreuzfahrer der anderen Länder gab es ebenfalls noch kein bestimmtes Aussehen der Fahne. Zu verschieden sind die vorkommenden Fahnentücher gestaltet.[105]
Abschließend sei noch etwas über den kaiserlichen *signifer* gesagt. Friedrich I. ernannte Otto von Wittelsbach 1155 zum Fahnenträger. Die Fahne des schwäbischen Heeresaufgebots trug ein gewisser Bertold von Nimburg. Mit der Zeit setzte sich die Sitte durch, dass die Schwaben die Fahne trugen und in der Schlacht den Vortritt hatten, das sogenannte Vorkampfrecht. Dies ist umso wichtiger, als später auch eine bestimmte Sturmfahne, die uns bald noch begegnen wird, in der Hand der Schwaben war.

4.2. Heinrich VI. – Erstarken der Heraldik

Ein besonderes interessantes bildliches Zeugnis für die Verwendung von Adler und Fahne, welches auch das Erstarken der Heraldik, zugleich aber deren noch nicht ausgereifte Gestalt im Reich der Staufer erkennen lässt, besitzen wir aus der Zeit Heinrichs VI: Es ist die Handschrift des *Liber ad honorem Augusti sive de rebus Siculis* des Petrus von Ebulo. Der Adler erscheint dort auf Rüstung, Satteldecken und Schild des Kaisers bei der Belagerung Neapels.[106] Der Untergrund ist farblos, der Adler golden. Es hatte sich also noch nicht der spätere schwarze Adler auf goldenem Grund durchgesetzt, die Ausbildung eines feststehenden Königswappens war noch nicht vollendet. Als Farbe des Adlers wird wohl in dieser ersten heraldischen Darstellung diejenige gedient haben, welche zuvor den plastischen Adlern zukam. Diese wurde dann auch auf den flächig dargestellten Adler übertragen.[107] Jedenfalls ist dieses geballte Auftreten des Adlers ein deutliches Zeichen für die unumstößliche Zuordnung dieses Symbols zum römischen König oder Kaiser. Es scheint vor allem zur Erkennung des Kaisers im Kampf gedient zu haben. Bei friedlichen Handlungen kommt der Kaiser in besagter Handschrift stets ohne Adler vor.
Ein weiteres Mal taucht allerdings der Adler nicht in Verbindung mit Heinrich VI. vor, sondern er wird Tankred, dem Widersacher des Staufers, vorangetragen: Auf einer Stange, an der ein mit Troddeln oder ähnlichem versehener Wimpel befestigt ist, sitzt ein Adler.[108] Ob man daraus aber, wie Gritzner es noch tut[109], schließen kann, dass Tankred hier die Sitte des römischen Kaisers nachahmt und diese bewimpelte Lanze das Feldzeichen desselben darstellen

[105] Erdmann, Carl, Kaiserliche und päpstliche Fahnen im hohen Mittelalter, S. 40.
[106] Petrus, Liber ad honorem Augusti sive de rebus Siculis (Codex 120 II der Bugerbibliothek Bern), eine Bilderchronik der Stauferzeit, Sigmaringen 1994, fol. 109r, S. 91.
[107] Vgl. Gritzner, Erich, Symbole und Wappen des alten deutschen Reiches, S. 46.
[108] Petrus, Liber ad honorem Augusti, fol. 102r., Seite 63.
[109] Gritzner, Erich, Symbole und Wappen des alten deutschen Reiches, S. 46.

soll, sei dahingestellt. Eine andere Deutung geben die Kommentatoren der 1994 in Buchform neu herausgegebenen Handschrift. Dort soll die Darstellung Tankreds mit diesem Zeichen diesen lächerlich machen und den übertriebenen antikisierenden Pomp darstellen, mit dem sich Tankred feiern lässt.[110] Diese Interpretation lässt sich untermauern durch den Text der Handschrift, welcher den Usurpatoren als bekränzten Mimen *(redimitus mimus)* bezeichnet, zu dem die Zimbeln (*cimbala*) des Umzugs hervorragend passen würden.[111] Darüber hinaus scheint Tankred in Petrus' Augen solch ein Theater um seinen Triumph veranstaltet haben, dass es jeder mitbekommen hat: „*Ne quemquam lateat, erea plectra sonant.*"[112] So sollen die Adler, welche auf dieser Illustration der Handschrift abgebildet sind, wohl schon ein kaiserliches Symbol darstellen, aber das eines antiken Caesaren und nicht das eines mittelalterlichen Herrschers. Für die Untersuchung der Geschichte der mittelalterlichen königlichen bzw. kaiserlichen Adler ist diese Darstellung daher ohne großen Wert.

Ein Adler kommt in der Handschrift nicht mehr vor, dafür erhalten wir aber Aufschluss über den Gebrauch und das Aussehen der Fahne. Sie erscheint zum ersten Mal beim Zug zur Kaiserkrönung Heinrichs VI. im Jahre 1191. Dort wird sie dem Herrscher vorausgetragen. Auf einer roten, in zwei Zungen auslaufenden Fahne ist ein dunkles Kreuz angebracht, die Farbe ist nicht mehr genau bestimmbar.[113] Ebenfalls erscheint sie auf der oben genannten Miniatur, auf der auch der kaiserliche Adler zu sehen ist. Dieses Mal ist allerdings das Fahnentuch farblos dargestellt, ob es ursprünglich eine Farbe hatte, ist nicht sicher. Das Kreuz ist rot. Auch hier wird die Fahne dem Kaiser vorangetragen und zwar von einem Fahnenträger, dessen Name durch eine Rasur getilgt wurde.[114] Es wäre sicherlich interessant gewesen zu erfahren, wen der Kaiser dazu bestimmt hatte. Interessant ist, dass hier zum ersten Mal Adler und Fahne zusammen, aber räumlich getrennt voneinander auftauchen. Bis jetzt erschienen immer entweder nur Fahne oder Adler unabhängig voneinander oder als Feldzeichen kombiniert. Dies ist schon eine Vorausschau auf das, was seit dem 13. Jahrhundert üblich wird. Im *Liber ad honorem Augusti* wird erstmals die Trennung deutlich zwischen dem Adler, der als Symbol des Kaisers selbst dient, und der Fahne, die als königliches und kaiserliches Feldzeichen fungiert und das Heer des Reiches auszeichnet. Bezeichnend ist, dass der geschlagene Kaiser ohne Adler und ohne Fahne in den deutschen Reichsteil zurückkehrt.[115] Vermutlich waren diese Zeichen zu sehr mit Sieg, man denke an die *victrices aquilae*, und Kampf ver-

[110] Petrus, Liber ad honorem Augusti, Sigmaringen 1994, S. 62.
[111] Ebd., S. 61.
[112] Ebd., S. 61.
[113] Ebd., S. 75, fol. 105r.
[114] Ebd., S. 91, fol. 109r.
[115] Ebd., S. 111, fol. 114r.

bunden, um sie in der Niederlage zu zeigen. Die Verbindung von Adler und Kreuz, räumlich voneinander getrennt, findet man im Übrigen auch auf einer Münze Heinrichs VI., welche auf der Vorderseite ein Kreuz und auf der Rückseite einen Adler trägt.[116]

Wieder taucht die Fahne bei der Eroberung Salernos auf, wo sie auf einem Turm aufgesteckt wird. Diesmal ist das Kreuz weiß auf eventuell braunem oder hellroten Hintergrund, genau ist dies nicht mehr zu erkennen. Auch die Bezeichnung *imperiale vexillum* wird ihr auf dieser Miniatur beigefügt.[117] Wo vorher der Adler bzw. Adler mit Fahnentuch zum Kenntlichmachen der Übernahme von Gebäuden gebraucht wurde, wird jetzt die Kreuzfahne benutzt.

Es stellt sich nun die Frage, wie man darauf gekommen ist, auf dem ursprünglich wohl zeichenlosen Fahnentuch ein Kreuz anzubringen. Bisher spielte dieses Symbol in Bezug auf den Kaiser eine untergeordnete Rolle. Zwar war es auf einige Münzen und Siegel aufgeprägt oder erschien auf Lanzen oder dem Reichsapfel. Auf Fahnen und besonders als Feldzeichen im Kampf wurde es aber bisher nahezu ausschließlich von den Päpsten und den Gegnern der römischen Könige und Kaiser benutzt. Natürlich ist es naheliegend, das Auftauchen des Kreuzes mit der unter Barbarossa neugeprägten Formel *sacrum imperium* in Verbindung zu bringen, wie Erdmann es tut.[118] Das Zeigen eines weithin sichtbaren Kreuzes als Zeichen der Heiligkeit des Reiches und des christlichen Herrschertums seines Kaisers würde natürlich dieses Selbstverständnis voll zur Geltung bringen. Wenn dies der Fall wäre, so wäre aber die Tatsache seltsam, dass ausgerechnet Friedrich I., der den Begriff *sacrum imperium* geprägt hat, keine Kreuzfahne führte.

Eine wahrscheinlichere Erklärung für die Einführung des Kreuzes als kaiserliche Heeresfahne könnte der Einfluss des dritten Kreuzzuges gewesen sein, der nun, da zumindest der Kreuzzug der deutschen Ritter unter Heinrichs Vater stattgefunden hat, einen größeren Einfluss auf das Reich hatte als die vorausgegangen. Einen Hinweis darauf gibt ebenfalls der *Liber ad honorem Augusti*. Dort wird auf einer Miniatur Friedrich Barbarossa auf dem Kreuzzug dargestellt. Die Ritter dort tragen das Kreuz sowohl auf ihren Helmen als auch auf ihren Fahnen. Der Kaiser selbst trägt auf seiner Schulter ein goldenes Kreuz.[119] Heinz Thomas behauptet, die Fahnen seien golden und einfarbig ohne erkennbares Symbol. Somit entspräche die Farbe der Fahnen den goldenen Kaiser- und Königsfahnen des 11. Jahrhunderts.[120] Dies ist aber nicht richtig, da man durchaus auf den Fahnen ein Kreuz erkennen kann. Auch das Fahnentuch

[116] Gritzner, Erich, Symbole und Wappen des alten deutschen Reiches, S. 48.
[117] Petrus, Liber ad honorem Augusti, fol. 132r, S. 183.
[118] Erdmann, Carl, Kaiserliche und päpstliche Fahnen im hohen Mittelalter, S. 43-44.
[119] Petrus, Liber ad honorem Augusti, fol. 107r, S. 83.
[120] Thomas, Heinz, Rot und Gold –Krieg und Frieden. Die Sturmfahne des Reiches in der Bilderchronik von Kaiser Heinrichs VII. Romfahrt, in: Aufgebauer, Peter, van den Heuvel, Christine, Herrschaftspraxis und soziale Ordnungen im Mittelalter und in der frühen Neuzeit, Hannover 2006, S. 20; Erdmann, s.o.

selbst ist nicht zwingend golden, es könnte genauso gut farblos oder hellbraun sein. Jedenfalls scheint das Kreuzzugssymbol einen nicht unwesentlichen Einfluss auf die Zeichen des Reiches gehabt zu haben, sonst wäre es auch von Petrus nicht so hervorgehoben worden. Nimmt man dann noch die Tatsache hinzu, dass Heinrich sich 1195 selbst zum Kreuzzug verpflichtete und die Bilderchronik danach entstand, so ist es beinahe sicher, dass der geplante Zug ins Heilige Land maßgeblich auf die Einführung der Kreuzfahne einwirkte.[121]

Leider bietet uns die untersuchte Bilderchronik kein einheitliches Bild von den Königs- und Kaiserfahnen des Reiches, wie man es sich wünschen würde. Unklar ist und bleibt allerdings, ob diese uneinheitliche Gestaltungsweise darüber Aufschluss gibt, dass es eben noch keine heraldisch einheitlichen Fahnen gab oder ob dies von Petrus nicht ausreichend wahrgenommen wurde, da er an die Heraldik noch nicht gewöhnt war. Allerdings scheinen die Symbole des Herrschers sich doch von den der übrigen Herrscher und Ritter abgehoben zu haben. Für letztere gebraucht der Zeichner nur beliebige Striche und Farben ohne Wiedererkennungswert.

Eine andere Möglichkeit wäre die Nachahmung der sizilianischen Herrscher. In den *Gesta Henrici II. et Ricardi I.* wird das Siegel König Wilhelms beschrieben, welches ein Kreuz in der Mitte hatte. Der Chronist Roger von Hoveden bemerkt dazu, dass sich der König beim Zug in den Kampf dieses Zeichen vorantragen ließ.[122] Gritzner allerdings mutmaßt, dass Heinrich das Zeichen erst nach der Herrschaft über Sizilien übernommen habe.[123] Dies ist allerdings zweifelhaft, da im *Liber ad honorem Augusti* dem Herrscher schon bei der Kaiserkrönung das Banner vorangetragen wurde. Zwar könnte Petrus von Ebulo das Kreuz dem angehenden Kaiser nachträglich zugeschrieben haben, immerhin ist ja die Chronik erst nach 1194 entstanden, beweisen lässt sich das allerdings nicht. Möglich wäre auch, dass der Kaiser durch die vorzeitige Übernahme des sizilianischen Königskreuzes schon einen Anspruch auf die Herrschaft über Sizilien deutlich machen wollte.

Offenbar scheint eine Kreuzfahne auch bei der Belehnung gebraucht worden zu sein. Zwei Nachrichten gibt es, die keinen Aufschluss über das Aussehen der Fahne geben.[124] Wichtiger ist jedoch, dass bei der Belehnung des Konsuln von Cremona offenbar eine rote Fahne mit weißem Kreuz benutzt wurde. Die Fahne wird in einem Notariatsinstrument genauer beschrieben: *confanus, cum quo eos investivit, erat rubeus, habens crucem albam intus.*[125] Es

[121] Vgl. Wentzcke, Paul, Die deutschen Farben, S. 31.
[122] Ex Gestis Henrici II. Et Ricardi I. (MGH SS XXVII, S. 95): „Hoc signum sibi preferri a vexillifero facit, cum ad bellum aliquod procedit."
[123] Gritzner, Erich, Symbole und Wappen des alten deutschen Reiches, S. 65.
[124] Bruckauf, Julius, Fahnlehn und Fahnenbelehnung im alten deutschen Reiche, S. 28-29.
[125] Nach Wentzcke zitiert bei Thomas, S. 20. Leider wird die Quelle nicht genauer genannt.

scheint also auch zur Zeit Heinrichs VI. eine rot-weiße Kreuzfahne gegeben zu haben, wie sie später regelmäßig verwendet wurde. Ob diese allerdings schon damals immer so aussah und unverwechselbares Zeichen des Kaisers oder nur ein Farbvariation von vielen war, ist nicht nachweisbar, da dies das einzige zeitgenössische Zeugnis ist. Erdmann liefert eine mögliche Erklärung für den Gebrauch von rot und weiß als Fahnenfarben, bei der man allerdings vorsichtig sein muss, da die Zeugnisse dafür erst aus dem 13. Jahrhundert oder später stammen. Dort wird im Zuge des Kampfes der Ghibellinen gegen die Guelfen von Farbumkehrungen gesprochen, welche die Zugehörigkeit zur jeweiligen Partei ausdrücken sollten. So soll ein weißes Kreuz auf rotem Grund die Umkehrung der Mailänder Fahnen sein, welche ein rotes Kreuz auf weißem Grund zeigen.[126] Somit wurde die Gegnerschaft zu Mailand auch durch die Farben deutlich gemacht. Diese Erklärung klingt zwar plausibel. Da zeitgenössische Quellen fehlen, kann sie aber nicht untermauert werden.

4.3. Der Thronstreit – Die Fahnen und Feldzeichen Philipps von Schwaben und Ottos IV.

Den Adler findet man schon in der Anfangszeit des Thronstreites in der später allgemeinen Form. Auf einer Miniatur in der Jenenser Handschrift der Weltchronik Ottos von Freising aus dem Jahre 1200 ist der schwarze Adler auf goldenem Grund abgebildet, welcher von Heinrich IV. beim Kampf gegen seinen Sohn getragen wird.[127] Allerdings ist diese Darstellung noch längere Zeit das einzige Zeugnis für eine solche Farbgebung und kann daher nur bedingt Aufschluss über den Farbengebrauch der Zeit geben.

Der Adler an sich aber tritt unter Philipp von Schwaben hervor, der ihn vor allem auf seinen Münzen abbilden ließ. Oft erscheint auf der Vorderseite der König mit Lilienzepter und Reichsapfel, auf der Rückseite aber ein Adler. Auch die Vögte Philipps prägten 1200 bis 1206 Münzen mit Adlern. Auf einer weiteren sieht man diesen sogar im Schild des Herrschers.[128] Es gibt auch eine doppelseitig Münze, die mit zwei gegenübergestellten Adlern versehen ist, die durch einen Lilienstab getrennt sind. Gritzner ist der Ansicht, dass hier der Ursprung des Doppeladlers zu sehen ist und die beiden Vögel später zu einem einzigen verschmolzen sind.[129] Ausgerechnet diese Münze als Ausgangspunkt für das spätere Wappenbild zu betrachten ist nicht plausibel, da der Doppeladler, wie wir gesehen haben, schon viel früher auf-

[126] Erdmann, Carl, Kaiserliche und päpstliche Fahnen im hohen Mittelalter, S. 45.
[127] Gritzner, Erich, Symbole und Wappen des alten deutschen Reiches, S. 47-48; Korn, Adler und Doppeladler, S. 337.
[128] Gritzner, Erich, Symbole und Wappen des alten deutschen Reiches, S. 48; Cappe?
[129] Ebd., S. 49.

taucht. Es ist außerdem so gut wie ausgeschlossen, dass Otto sogar selbst schon einen doppelköpfigen Adler als Wappenschild gebraucht hat. Auf den Münzen tritt bei Darstellungen des kaiserlichen Schildes stets der einköpfige auf.[130]

Im Gegensatz dazu gebraucht Otto IV. zwar auch den kaiserlichen Adler, er kombiniert ihn aber meistens mit dem Löwen, dem Zeichen seines Vaters. Die verschiedenen Kombinationen auf Münzen nennt Gritzner[131], sie müssen nun nicht mehr beschrieben werden. Auf einer Münze allerdings befindet sich auf der Vorderseite ein gekrönter Löwe und auf der Rückseite ein Doppeladler. Dieser wurde wohl aus künstlerischen Gründen so gestaltet, könnte aber auch als Zeichen der Differenzierung gegenüber dem staufischen einfachen Adler dienen. Es wurde ja schon festgestellt, dass der zweite Kopf des Adlers als Unterscheidungsmerkmal benutzt wurde.

Der Schild Ottos IV. wird in dem Gedicht „Der wälsche Gast" von Thomasin von Zerclaere beschrieben. Dort heißt es: *„Daz an sîm schilde erschînen gar/ Drî lewen und ein halber ar."*[132]

Das spätere Philosophieren des Dichters über dasselbe Wappen kann hier übergangen werden. Wichtig ist, dass auch Walther von der Vogelweide, der den Herrscher zum Kreuzzug auffordert, die Löwen und den Adler auf dem Schild erwähnt, ohne allerdings ihre Anzahl oder Gestaltungsweise anzugeben.[133] Einen weiteren Beleg für den Gebrauch dieses geteilten Wappenschildes bietet der Knauf des Mauritiusschwertes, den Otto zusammen mit der Parierstange neu anfertigen ließ. Auf dem auf dem Knauf angebrachten Schild sieht man heraldisch rechts einen halben kaiserlichen Adler und heraldisch links drei Löwen.[134] Obwohl der Löwe auch das Wappentier des Vaters war, übernahm er diesen wohl aus dem englischen königlichen Wappen. Zum englischen Königshaus hatte er ja durch seine Mutter Mathilde eine direkte verwandtschaftliche Beziehung. So verfolgte der Herrscher wohl den doppelten Zweck der Nachahmung des väterlichen Wappens einerseits und des englischen Wappens andererseits. Zusammen mit dem Adler des römischen Kaisers bringt diese Kombination einen geballten Machtanspruch zum Ausdruck. Die Technik des *dimidiating*, also die Kombination zweier oder mehrerer Wappenbilder zu einem einzigen Wappen, war damals schon

[130] Gritzner, Erich, Symbole und Wappen des alten deutschen Reiches, S. 51; Cappe?
[131] Gritzner, Erich, Symbole und Wappen des alten deutschen Reiches, S. 49.
[132] Thomasin von Zerklaere, Der welsche Gast, hg. von Eva Willms, Berlin 2004, V. 10479-10480.
[133] Zitiert bei Gritzner, Erich, Symbole und Wappen des alten deutschen Reiches, S. 50.
[134] Pleticha, Hans, Des Reiches Glanz. Reichskleinodien und Kaiserkrönungen im Spiegel der deutschen Geschichte, Freiburg 1989, S. 35; Abb. S. 58.

länger in England, wo die Heraldik eine frühere Blüte erlebte, üblich.[135] Otto übernahm dieses Verfahren für sein eigenes Wappen wohl direkt von dort.

Eine farbige Darstellung des Schildes findet man auf dem Quedlinburger Wappenkästchen, welches wahrscheinlich aus dem Jahre 1209 stammt.[136] Dort sieht man auf der Mitte des Deckels einen Schild, welcher vorne den schwarzen Reichsadler auf Gold – hier ist diese Farbkombination also wieder bezeugt – und hinten drei goldene Löwen auf rotem Grund zeigt.[137] Da dies leider die einzige zeitgenössische farbige Darstellung ist, bleibt es unklar, ob dies die tatsächliche Farbgebung des Schildes war.

Interessanterweise stellt die mit Wappenbildern versehene *Chronica Maiora* des Matthäus Paris aus dem Zeitraum von 1245 bis 1251 den kaiserlichen Adler auch Ottos IV. im Wappenschild als Doppeladler dar.[138] Dieses Missverständnis rührt wohl von oben genannter Technik des *dimidiatings* her: Wenn man den halben Adlerschild zu einem ganzen machen und ihn symmetrisch gestalten würde, so bekäme man einen doppelköpfigen, in entgegengesetzte Richtungen schauenden Adler.[139] Auch der geteilte Schild kommt bei Matthäus Paris vor, allerdings diesmal mit den Löwen vorn und dem Adler hinten. Beigefügt ist die Bemerkung: „*scutum mutatum pro amore regis Anglie*“.[140] Von einer solchen Veränderung des Wappens ist aber sonst nirgends die Rede. Ein Grund für diese Behauptung könnte in einem Siegel der zweiten Frau Ottos IV., Maria, zu finden sein. Dort erscheint eben diese Kombination, bei welcher die Löwen heraldisch rechts stehen, also vor dem Adler, und somit ein Vorrang vor diesem zu haben scheinen.[141] Von diesem Schild auf dem Siegel könnte Matthäus geschlossen haben, dass auch Otto die Wappenfiguren in dieser Reihenfolge führte.[142] Warum Maria sich entschloss, den Adler hinter die Löwen zu setzen, kann nur vermutet werden. Vielleicht wollte sie gerade ein Siegel führen, welches zwar dem ihres Gemahls ähnlich war und sie so als dessen Ehefrau identifizierte, gleichzeitig aber verschieden gestaltet war, damit man es nicht mit denjenigen des Kaisers verwechselte. Wie wir oben gesehen haben, benutzte man zum Zwecke einer solchen Differenzierung auch den Doppeladler.[143]

Ein weiterer Hinweis auf die starke Bindung Ottos zum englischen Königshof kann man in der Schlacht von Bouvines im Jahre 1214 erkennen, bei welcher der Herrscher auf einem

[135] Bleisteiner, Claus D., Der Doppeladler von Kaiser und Reich im Mittelalter, S. 13-14.
[136] Zu den Problemen der Datierung s. Kruppa, Nathalie, Neues Gedanken zum Quedlinburger Wappenkästchen, in: Concilium medii aevi 4 (2001); http://cma.gbv.de/dr,cma,004,2001,a,06.pdf.
[137] Abbildung s. ebd., Abb. 2.
[138] Zitiert bei Bleisteiner, Claus D., Der Doppeladler von Kaiser und Reich im Mittelalter, S. 9, Abb. S. 10.
[139] Bleisteiner, Claus D., Der Doppeladler von Kaiser und Reich im Mittelalter, S. 14.
[140] Zitiert bei ebd., S. 9, Abb. S. 10.
[141] Posse, Otto (Hg.), Die Siegel der deutschen Kaiser und Könige von 751 bis 1806, Bd. 1, Dresden 1909, Tafel 26, Nr. 3.
[142] Bleisteiner, Claus D., Der Doppeladler von Kaiser und Reich im Mittelalter, S. 14.
[143] s.o.

Fahnenwagen unter einem plastischen, vergoldeten Adler an einem Mast einen Drachen aus Tuch führte, der mit angeblich Schrecken erregenden Zähnen ausgestattet war, sich bei Wind aufblähte und bei Windstille schlaff herabhing.[144] Wieder kombiniert Otto hier den Adler des Reiches und ein englisches Herrschaftszeichen, den Drachen. Dieser erscheint seit 1190, als ihn Richard Löwenherz zum ersten Mal verwendet, in den englischen Chroniken. Auch hier wird er durch den Wind aufgeblasen und hat zudem noch einen vergoldeten Kopf. Johann Ohneland folgte in diesem Brauch nach.[145] Offenbar stammte das Drachenzeichen noch aus heidnischer Zeit, verschwand dann und wurde wieder seit dem Ende des 12. Jahrhunderts hervorgeholt. Vermutlich kannte man es aus alten Phantasiegeschichten und nahm es dann unter die immer zahlreicher werdenden Wappentiere auf.[146]

Ein letztes Zeugnis für die Vorstellung von der Fahne dieser Zeit soll nun noch beigegeben werden: In seinem Epos „Willehalm", welches zwischen 1210 und 1220 entstand, beschreibt Wolfram von Eschenbach seinen Wunsch für das Aussehen der Reichsfahne: *„billich sol des riches van / daz kriuze tragen."*[147] Interessant ist hier weniger das Kreuz auf der Fahne, welches ja seit Heinrich VI. dem kaiserlichen Heer und dem Kaiser vorangetragen wird, sondern eher die Bezeichnung *„des riches van"*. Offenbar wird in Wolframs Zeit die Fahne schon losgelöst von der Person des Königs und Kaisers gedacht und als Symbol des Reiches selbst angesehen. Nun repräsentiert der Herrscher natürlich wie kein anderer das Reich, dennoch ist die Entwicklung der Ausdrucksweise interessant. Etwas Ähnliches erschien ja schon in der Handschrift des Petrus von Ebulo, welcher die Kreuzfahne als *imperiale vexillum* bezeichnete.[148] Auch dort waren schon der kaiserliche Adler und besagte Fahnen voneinander getrennt. Man erkennt langsam die Trennung zwischen dem Adler, der für den römischen König oder Kaiser alleine steht und der Kreuzfahne, welche das Reich und das Reichsheer symbolisiert, aber noch stets in Anwesenheit des Kaisers geführt wird.

---

[144] Ex Willelmi Brittonis Philipide, lib. XI, v. 25-29 (MGH SS XXVI, S. 367): „Erigit in carro palum paloque draconem / Implicat, ut possit procul hinc atque inde videri, / Hauriat et ventos, cauda tumefactus et alis, / Dentibus horrescens rictusque patentis hiatu; / Quem super aurata volucer Iovis imminet ala."; s. auch ebd., lib. XII, v. 41-46.

[145] Schramm, Herrschaftszeichen und Staatssymbolik, Bd. 2, S. 662-663.

[146] Ebd., S. 663.

[147] Wolfram von Eschenbach, Willehalm, V. 332,22 ff.

[148] S.o.

4.4. Friedrich II. – Blütezeit des staufischen Adlers

Was die Regierungszeit Friedrichs II. betrifft, so stellen wir fest, dass der Adler von ihm als Herrschaftszeichen weitergeführt wird. Der Adler erscheint beispielsweise auf einem Königssiegel, welches wahrscheinlich von der Aachener Königskrönung bis zur Kaiserkrönung im Gebrauch war, und zwar auf einer Art Medaillon auf dem Untergewand des thronenden Herrschers.[149] Allerdings ist er auf den anderen königlichen bzw. kaiserlichen Siegeln nicht zu finden. Damit nimmt Friedrich II. gewissermaßen eine Tradition seiner Vorgänger wieder auf. Schon auf deren Kaisersiegeln waren keine Adler vorhanden.

Aufgrund der Feinheit der Darstellungskunst ist anzunehmen, dass der Siegelstempel auf Sizilien hergestellt wurde, wo die Stempelschneidekunst schon fortgeschrittener war.[150] Der auf besagtem Siegel dargestellte Adler auf dem Gewand des Kaisers war wohl auch in Wirklichkeit auf dessen Krönungsornat vorhanden. So ist auf der Innenseite der Krönungshandschuhe ein goldener Adler angebracht, der einen Nimbus trägt.[151] Ebenfalls mit nimbierten Adlern versehen ist der Umhang, den Friedrich II. bei seiner Kaiserkrönung in Rom trug und der fälschlicherweise Karl dem Großen zugeschrieben wurde.[152] In diesen Zusammenhang passt auch das Schwert in der Wiener Schatzkammer, welches auf dem Knauf einen Adler trägt.[153] Der Adler war also auch bei der Kaiserkrönung Friedrichs allgegenwärtig, ein Hinweis auf dessen Wichtigkeit als kaiserliches Machtsymbol. Dass er zumindest teilweise einen Nimbus trug, weist auf das Verständnis des Reiches als *sacrum imperium* hin.[154] Dieser Begriff wurde zwar schon unter Barbarossa gebildet, aus dessen Zeit wir ja keine Hinweise auf nimbierte Adler haben, er bekam aber in der Auseinandersetzung Friedrichs II. mit dem Papst eine besondere Bedeutung, um das heilige Reich dem Anspruch des Papstes auf die Heiligkeit der Kirche entgegenzusetzen. War das Kreuz stets das Zeichen der römischen Kurie und der Gegner des Kaisers, so setzte der Staufer diesem den Adler entgegen und versah ihn mit einem Nimbus, um eine Heiligung des kaiserlichen Hauses unabhängig vom päpstlichen Symbol zu etablieren.

Auch auf Münzen des Kaisers, welche wie die Siegel auf Sizilien und daher weitaus kunstvoller gefertigt wurden, tritt der Adler auf. Es handelt sich bei diesen um die sogenannten *Au-*

---

[149] Posse, Otto, Die Siegel der deutschen Kaiser und Könige, Bd. 1, Tafel 28, Nr. 1.
[150] Gritzner, Erich, Symbole und Wappen des alten deutschen Reiches, S. 54.
[151] Korn, Johannes Enno, Adler und Doppeladler, S. 338.
[152] Rösch, Gerhard, Die Herrschaftszeichen Kaiser Friedrichs II., in: Becker, Hans-Jürgen (Hg.), Die Reichskleinodien. Herrschaftszeichen des Heiligen Römischen Reiches, Schriften zur staufischen Geschichte und Kunst 16, Göppingen 1997, S. 40-42.
[153] Ebd., S. 42.
[154] Korn, Johannes Enno, Adler und Doppeladler, S. 339.

gustales Friedrichs II., welche auch vom Namen abgesehen deutliche Anklänge an die Münzen antiker Kaiser erkennen lassen. Auf dem Avers sieht man den idealisierten Kopf des Kaisers nach dem Vorbild der römischen Caesaren, auf dem Revers ist besagter Adler mit ausgebreiteten Schwingen dargestellt.[155] Die geballte Darstellung kaiserlicher Zeichen gibt deutliche Hinweise auf das universale Selbstverständnis des Kaisers und den Anspruch auf die Nachfolge der antiken römischen Herrscher. Korn hatte schon richtig bemerkt, dass diese Art der Gestaltung für das Mittelalter eher ungewöhnlich war und schon auf die Zeit der Renaissance hindeutet, was zum teilweise modern anmutenden Regierungsstil Friedrichs II. zu passen scheint.[156] Die Prägung dieser Goldmünzen wird auch im *Chronicon regni Siciliae* des Jahres 1231 erwähnt, wo es heißt: *„nummi aurei, qui augustales vocantur, de mandato imperatoris in utraque sycla (=Sicilia) Brundusii et Messanae cuduntur.“*[157]

Auch andere italienische Münzen Friedrichs II., so seine Tareni und Obole aus Brindisi, tragen den Adler[158], ebenso einige aus den deutschen Reichsteilen. Immer ist der Adler einköpfig, einige Male sind auch zwei Adler auf der Münze abgebildet, einmal erscheint er im Wappenschild.[159] Der Adler wird also auch weiterhin als Wappentier gebraucht, auch wenn er als solches zumindest auf den erhaltenen Zeugnissen eher zurücktritt.

Zum ersten Mal haben wir aus der Zeit des Staufers auch erhaltene plastische Adler. Einer davon, aus Eisen hergestellt, diente wohl als Feldzeichen mit einer eingebauten Reliquie, vermutlich ein Stück des heiligen Kreuzes, wie Deér in seiner Abhandlung über die Herrschaftszeichen plausibel dargelegt hat.[160] Somit wäre im Falle dieses Adlers nicht nur endlich ein Beweis für plastische Adlerfeldzeichen gegeben, sondern auch eine eigentümliche Verbindung von Adler und Kreuz, und zwar nicht getrennt voneinander, sondern miteinander verbunden. So wird der staufische *victrix aquila* zusammen mit dem siegreichen Kreuzzeichen – man denke an Christus als Sieger über den Tod oder an die Vision Konstantins vor der Schlacht an der Milvischen Brücke – zum geballten Symbol des Sieges.[161] Es ist unklar, ob der eiserne Adler wirklich aus der Zeit Friedrichs II. stammt oder schon unter Barbarossa oder Heinrich VI. angefertigt wurde.[162] Die Datierung spielt aber nur eine untergeordnete Rolle, da das staufische Verständnis der *victrices aquilae* sich nicht maßgeblich veränderte. Allerdings hätten wir durch eine frühere Datierung dieses Adlers ein wesentlich sichereres Zeugnis für

[155] Grierson, Philip, Münzen des Mittelalters, München 1976, S. 174-175.
[156] Korn, Johannes Enno, Adler und Doppeladler, S. 338.
[157] Ryccardus de San Germano ad annum 1231 (MGH SS XIX, S. 365).
[158] Grierson, Philip, Münzen des Mittelalters, S. 176-177.
[159] Beschrieben bei: Gritzner, Symbole und Wappen des alten deutschen Reiches, S. 56.
[160] Deér, Josef, Adler aus der Zeit Friedrichs II., S. 111-116.
[161] Ebd., S. 114-115.
[162] Ebd., S. 115-116.

den Gebrauch desselben in früherer staufischer Zeit als uns die schriftlichen Quellen geben können. Auch den zweiten Adler aus vergoldeter Bronze verortet Deér in die Sparte der Feldzeichen. Aufgrund seiner geringen Größe, 16 cm, kommt für ihn kein anderer Gebrauch in Frage.[163]

Plastische Adler erscheinen unter Friedrich II. aber nicht nur aus Metall, sondern sie bilden auch Bestandteile der kaiserlichen Bauten, so über dem Eingang des Kastells Ursino, welches von 1239 bis 1250 erbaut wurde. Ebenso treten sie an den Überresten des kaiserlichen Palastes in Foggia auf.[164]

Auch der Aachener Karlsschrein, den Friedrich als gerade gekrönter König anfertigen ließ, um darin die Gebeine Karls des Großen aufzubewahren, zeigt den einköpfigen Adler auf zwei verschiedenen Reliefs, jeweils auf einem Schild. Einmal trägt es der Kaiser selbst, ein anderes Mal wird es von einem Knappen getragen.[165] Hier wird der Adler also wieder im heraldischen Sinne als Wappentier verwendet.

Über seine Farben und über die Farben des Schildes geben uns zur späten Stauferzeit nur wenige Quellen Auskunft. Eine davon ist der *Clipearius Teutonicorum* des Konrad von Mure, der noch in den letzten Jahren der Herrschaft Friedrichs II., vielleicht auch einige Jahr danach entstanden sein könnte. Darin wird der Wappenschild des Königs folgendermaßen beschrieben: *„Rex Romanorum, si quid veri mea prefert vox, aquilam nigro forme croceo clipeo fert."* [166] Der Adler soll also schwarz und der Schild gelb (golden) sein. Allerdings deutet die Formulierung Konrads darauf hin, dass er sich selbst nicht ganz sicher war (*si quid veri mea prefert vox*). Auch in den Werken des Matthäus Paris wird der Adler des Kaisers in den gleichen Farben beschrieben und abgebildet, allerdings immer mit zwei Köpfen.[167] Nur im *Liber Additamentorum* heißt es: *„Scutum aureum aquila biceps vel moniceps nigra."*[168] Matthäus scheint sich also hier nicht ganz sicher gewesen zu sein. Da der Doppeladler im Umfeld Friedrichs II. sonst nicht vorkommt, scheint hier der Chronist dem gleichen Trugschluss verfallen zu sein, durch die Aufhebung des *Dimidiatings* einen doppelten Adler zu erhalten.[169]

Seit der ersten Hälfte des 13. Jahrhundert beginnen auch immer mehr Reichsstädte zum Zeichen ihrer Reichsunmittelbarkeit, den Adler in ihrem Wappen zu tragen, wie beispielswei-

[163] Ebd., S. 116-119.
[164] Korn, Johannes Enno, Adler und Doppeladler, S. 339.
[165] Gritzner, Erich, Symbole und Wappen des alten deutschen Reiches, S. 57.
[166] Konrad von Mure, Clipearius Teutonicorum, in: Ganz, Paul, Geschichte der Heraldischen Kunst in der Schweiz im XII. und XIII. Jahrhundert, S. 174-185.
[167] Text und Abbildungen bei Bleisteiner, Claus D., Der Doppeladler von Kaiser und Reich im Mittelalter, S. 9-11.
[168] Ebd., S. 11; Korn, Johannes Enno, Adler und Doppeladler, S. 366.
[169] s.o.

se Nürnberg und Wimpfen.[170] Hier kann man schon die Entwicklung von einem königlichen Adler, welcher den Herrscher selbst identifiziert, hin zu einem allgemeinen Reichswappen erkennen. Die Städte Cambrai und Kaiserswerth allerdings wählen den Doppeladler für ihr Siegel. Dies geschah wahrscheinlich als Differenzierungsmerkmal gegenüber dem eigentlichen königlichen Adler, den der Herrscher selbst führte. Es wurde allerdings auch vermutet, dass dieses Bild des doppelten Adlers schon auf die beiden Würden hinweisen sollte, welche der Herrscher in sich vereinte, die Königs- und die Kaiserwürde.[171] Diese Auffassung gab es zwar später im Reich, es erscheint aber unwahrscheinlich, dass sie schon in so früher Zeit verbreitet war.

Betrachtet man das häufige Vorkommen des Adlers in der Zeit Friedrichs II., so kann man unschwer erkennen, dass dieses Tier das Zeichen dieses Kaiser schlechthin war. Es verband den Adler als staufisches Familienwappen mit dem staufischen Herrschaftsverständnis als Nachfolger der römischen Kaiser und als Herrscher eines heiligen Reiches, welches vor allem im nimbierten Adler auf dem Krönungsornat zum Ausdruck kommt.[172] Kam ein mit einem solchen Zeichen versehener Adler in früheren Zeiten im Abendland vor, so wurde er im Normalfall als Evangelistensymbol des Johannes verstanden. Im islamischen Bereich war eine solche Darstellung nicht unüblich und aus diesem kulturellen Kontext heraus muss wohl auch die Übernahme dieses Symbols durch Friedrich gesehen werden.[173]

So viel wir über den Adler in Erfahrung bringen können, so wenig wissen wir über die Kreuzfahne zur Zeit Friedrichs II. Lediglich Matthäus Paris gibt wieder einen Hinweis, zumindest auf die gleichzeitige Verwendung von schwarzem Adler auf goldenem Grund und der roten Fahne mit weißem Kreuz. Dies tut er im Zusammenhang mit der Darstellung der Wappen Heinrichs (VII.) in seiner *Historia Anglorum*. Darin sind in einem Fall ein Adler vorne am Spalt und hinten ein weißes Ankerkreuz dargestellt.[174] Daraus kann man wohl schließen, dass beide Zeichen auch in der späten Stauferzeit parallel genutzt wurden. Darüber hinaus bietet uns Matthäus Paris aber keine als plausibel anzunehmende Darstellung des Wappens. Schon oben haben wir gesehen, dass seine Vorstellungen eher seiner Phantasie entsprungen sind. Ansonsten haben wir nur zwei Quellen, welche Auskunft über die Verwendung von Adler und Kreuzfahne geben. Eine davon stammt noch aus der Zeit Friedrichs II. selbst. In einem Brief an den Kaiser stellt Papst Gregor IX. das *vexillum crucis* den kaiserlichen Adlern als

[170] Korn, Johannes Enno, Adler und Doppeladler, S. 343.
[171] Ebd., S. 365.
[172] Rösch, Gerhard, Die Herrschaftszeichen Kaiser Friedrichs II., S. 37-42.
[173] Ebd., S. 40.
[174] Zitiert bei Bleisteiner, Claus D., Der Doppeladler von Kaiser und Reich im Mittelalter, S. 10-11.

höherwertig gegenüber.[175] Eine gewisse Abneigung der geistlichen Würdenträger gegen das ursprünglich heidnische Adlersymbol ist also immer noch zu spüren. Die zweite Quelle, die *Annales Placentini Gibellini*, berichtet von der Schlacht von Tagliacozzo im Jahre 1268, in welcher Konradin besiegt wird. Dort wird gesagt, dass der Träger des Adlerfeldzeichens im Kampf getötet worden und derjenige der Kreuzfahne geflohen sei.[176] Es müssen also zumindest in dieser Schlacht zwei Feldzeichen geführt worden sein, ein Adler und eine Kreuzfahne. Es ist anzunehmen, dass ersterer in der Nähe des Königs getragen wurde, da er ja das Königszeichen schlechthin war, die Fahne aber vor dem Heer als dessen Zeichen. Diese Zuordnung wurden ja schon unter Heinrich VI. deutlich. Vermutlich bildete sich diese Sitte der beiden Feldzeichen zur Zeit Friedrichs II. aus. Es gibt dafür zwar keine direkten Zeugnisse, angesichts der großen Bedeutung des Adlers und der erhaltenen plastischen Stücke scheint aber die Führung eines solchen Zeichens sehr wahrscheinlich. Möglich wäre auch, dass schon, wie in späterer Zeit belegt, eine Fahne mit einem Adler darauf getragen wurde. Dies kann zwar nicht belegt werden, wäre aber möglich, da auch in der Schlacht Manfreds gegen Karl von Anjou von einem entfalteten Adlerzeichen die Rede ist.[177]

4.5. Adler und Fahnen der letzten Staufer und des Interregnums

Auch unter den nach Friedrichs II. Tod übrig gebliebenen Vertretern der Staufer hat der Adler seine Bedeutung nicht verloren. Dies ist trotz der wenigen Quellen deutlich sichtbar. So lässt Konrad IV. in der Gründungsurkunde der Stadt l'Aquila in den Abruzzen – allein der Name sagt schon einiges aus – festsetzen, dass diese ihren Namen nach dem siegreichen Adlerfeldzeichen erhalten solle.[178]

Noch besser sind wir über den Gebrauch des Adlers bei König Manfred unterrichtet, der die Pisaner bittet, ihn gegen Karl von Anjou zu unterstützen und ihnen dazu Folgendes schreibt: *„ad persequendum et opprimendum eum accingimur et aquilarum signa victricia Romanis in campis explicare disposuimus“*.[179] Mit diesen Adlerfeldzeichen, die ausgebreitet werden,

---

[175] MGH Epistolae saeculi XIII, Bd. I, S. 278, No. 365: „[Et ideo est summopere precavendum, ne vexillum], quod habes commune cum angelis, intellectus videlicet et affectus [...] Ac per hoc luminaribus, quod absit, cognitionis et dilectionis extinctis et in terram victricibus aquilis sic prostratis [...], quomodo poteris te sequentibus viam demonstrare salutis ?“

[176] Annales Placentini Gibellini ad annum 1268 (MGH SS XVIII, S. 528): „Et prelio fortiter existente, fuga intravit in gentes regis Conradi, propter quod ille Theutonicus qui ferebat vexillum crucis cepit fugam, ille vero qui ferebat aquilam in prelio fuit mortuus.“

[177] s.u., S. 38-39.

[178] Korn, Johannes Enno, Adler und Doppeladler, S. 339-340; gelegentlich wird diese Urkunde auch schon Friedrich II. zugeschrieben (s. Korn, S. 340, Anm. 69), in den meisten Fällen aber Konrad IV.

[179] Winkelmann, Acta imperii inedita, Bd. 1, Nr. 507.

können eigentlich nur entweder Fahnen mit aufgesetzten plastischen Adlern oder Fahnen mit darauf angebrachten bildlichen Adlerdarstellungen gemeint sein. Deutlicher wird es, wenn man sich die 1261 von der Stadt San Gimignano genehmigten Ausgaben für den König anschaut.[180] Dort ist von Schilden die Rede, die für den König gegen Luca gefertigt werden sollen (808a). Weiterhin sind Zahlungen für Stoffe (*zendada*) und Pergament angegeben. Weißer Stoff wurde für die Anfertigung von Fahnen besorgt und schwarzer Stoff für den Adler, welcher auf den Schilden angebracht werden soll. Darüber hinaus wird Pergament genannt, aus dem der Adler geschnitten wurde (808d), vermutlich als eine Art Schablone. Zuletzt wird noch die Zahlung der Herstellung von weißen Fahnen mit schwarzen Adlern erwähnt (813c). Angesichts der erwähnten Angaben muss man wohl davon ausgehen, dass Manfred sowohl Adlerschilde als auch Adlerfahnen gebraucht hat. Da von diesen in der Mehrzahl geredet wird, könnten die Adler auch noch von anderen getragen worden sein. Allerdings waren die Fahnen nicht golden, – über die Farbe des Schildes gibt es keine Angaben - sondern weiß. Unklar ist, ob die weiße Farbe aus Kostengründen oder aus Gründen der Praktikabilität gewählt wurde, oder ob dabei vielleicht sizilianische Traditionen eine Rolle spielten. Betrachtet man Manfreds Gewohnheiten hinsichtlich der Fahne, so fällt auch ein anderes Licht auf die Zeichen Konradins in der Schlacht von Tagliacozzo. Auch dort könnten entsprechende Adlerfahnen anstelle von plastischen Adlern benutzt worden sein. Dies schließt aber natürlich nicht aus, dass diese Fahnen nicht auch mit plastischen Figuren geschmückt gewesen sein können.

Jedenfalls zeigen sowohl stauferfeindliche als auch stauferfreundliche zeitgenössische Quellen, wie sehr der Adler mit diesem Herrschergeschlecht verbunden war. So schreibt eine Quelle bei der Schilderung der Hinrichtung des Konradin, dass dort das Adlergeschlecht (*genus aquilae*) sein Ende fand.[181] Die Gegenkönige trugen bezeichnenderweise deshalb auch keinen Adler, wie beispielsweise Heinrich Raspe, dem nur einmal fälschlicherweise ein solcher statt eines Löwen zugeschrieben wurde.[182]

Allerdings blieb auch bei den letzten Staufern das Wappentier stets der einköpfige Adler. Nur einmal erscheint auf einer Münze Konrads IV. ein Doppeladler, dies aber wohl lediglich zu Differenzierungszwecken.[183] Seltsam ist wiederum, dass in den schon genannten Werken des Matthäus Paris als Wappentier der Staufer fast durchgängig der doppelköpfige Adler darge-

---

[180] Davidson, Robert, Forschungen zur Geschichte von Florenz, Teil 2: Aus den Stadtbüchern und Urkunden von San Gimignano (13. und 14. Jahrhundert), Berlin 1900, S. 113-114.

[181] Ex Primati Chronicis et Guillelmi Gestis Ludovici IX. (MGH SS. XXVI, S. 665): „[...]quoniam in Corradini morte fuit ibi genus aquile terminatum." Der nur teilweise erhaltene lateinische Text ist unter der französichen Übersetzung angegeben.

[182] Gritzner, Erich, Symbole und Wappen des alten deutschen Reiches, S.63.

[183] Bleisteiner, Claus D., Der Doppeladler von Kaiser und Reich im Mittelalter, S. 13.

stellt wird. Nirgendwo sonst ist aber davon die Rede, die Wappen entsprangen wohl wie sonst der Fantasie des Autors bzw. Zeichners.[184] Vermutlich gründet dieses Vorgehen wieder in der von den heraldischen Sitten im Reich verschiedenen englischen Wappenkunde. So wird auch in den Wappenrollen nach Matthäus Paris teilweise unterschieden zwischen dem deutschen König, welcher den einfachen Adler führt, und dem Kaiser, welchem der Doppeladler zukommt.[185] Diese Unterscheidung wird zwar später zum Teil auch im Reich vorgenommen. Sie soll uns aber an dieser Stelle noch nicht beschäftigen, da die Darstellungen in den englischen Schriften für die Entwicklung im Reich und somit für diese Arbeit nicht von Belang ist.

Bei den Herrschern des Interregnums findet man den Adler fast gar nicht. Die sehr vagen Zeugnisse, welche Gritzner anführt, sind nicht besonders stichhaltig.[186] Die einzige Ausnahme bildet Alfons von Kastilien, der in einem seiner Siegel einen nimbierten Adler darstellen lässt.[187] Über die Gründe ist man sich noch im Unklaren. Korn vermutet, dass auch hierin ein Symbol für das *sacrum imperium* zu sehen ist, ist sich selbst aber unsicher wegen der tatsächlichen Reichsferne des Kaisers.[188] Zu vermuten ist hier die Übernahme orientalischer Einflüsse über das maurische Spanien. Denn mit einem Nimbus versehene Adler waren in der islamischen Welt ja durchaus verbreitet, wie wir schon unter Friedrich II. gesehen haben.

---

[184] Ebd., S. 9-12; Korn, Johannes Enno, Adler und Doppeladler, S. 366-367.
[185] Gritzner, Erich, Symbole und Wappen des alten deutschen Reiches, S. 60.
[186] Ebd., S. 64-65.
[187] Posse, Otto, Die Siegel der deutschen Kaiser und Könige, Bd.1, Tafel 39, Nr. 4 und 6.
[188] Korn, Johannes Enno, Adler und Doppeladler, S. 340.

5. Von Rudolf I. bis Albrecht I.

Nach langer Zeit der Unsicherheit auch bezüglich der Herrschaftszeichen nahm der neu gewählte Rudolf von Habsburg die Symbole der Staufer wieder auf, wohl um seinen Anspruch auf deren Nachfolge und auf die der römischen Kaiser und Könige allgemein deutlich zu machen. Dass der neue Herrscher auch so gesehen wurde, zeigt der Bericht über die Schlacht auf dem Marchfeld, in dem der Habsburger als *filius aquile* bezeichnet wird, der mit dem Löwen, gemeint ist sein Widersacher Ottokar, gekämpft habe.[189]

Auch die Kreuzfahne taucht nun endlich wieder auf, und zwar in einem anderen Bericht über die erwähnte Schlacht aus den *Annales Sancti Rudberti Salisburgensis*. Dort wird berichtet über drei Heeresabteilungen, von denen eine die Adlerfahne trug (*vexillum Romane aquile*), die andere die Kreuzfahne (*sanctae crucis insignia*). Eine dritte führte das österreichische Feldzeichen (*vexillum Austrie*), wie es sich bis dahin wohl herausgebildet hatte.[190] Der Autor spricht zunächst von zwei Abteilungen (*duae turmae*), fügt dann aber noch eine dritte hinzu, vermutlich diejenige, welche sich versteckt hielt, während die beiden anderen mit den Truppen Ottokars kämpften. Der König selbst soll unter der Kreuzfahne gekämpft haben. Eine andere Quelle, die Reimchronik des Ottokar, nennt als Fahne der Österreicher lediglich ein Banner mit einem weißen Strich.[191] Allerdings ist unklar, ob er hier das eigentlich österreichische Feldzeichen meint oder die Heerfahne des Reiches. Außerdem meldet der Chronist, dass Rudolf die Sturmfahne des Reiches im Kampf an Heinrich von Nürnberg übergeben habe.[192] Zu dieser Zeit scheint es wohl keinen dauernden *signifer* des Reiches gegeben zu haben.

Dass der König unter der Kreuzfahne gekämpft haben soll, mutet seltsam an, da das Königszeichen schlechthin doch immer der Adler gewesen war. Vielleicht ist die Stelle auch so zu interpretieren, dass zwar die Adlerfahne auch das Feldzeichen der einen Heeresabteilung war, der König selbst aber auch noch als persönliches Abzeichen einen Adlerschild trug. Die Quellen schließen dies jedenfalls nicht aus, zumal auch weitgehend zeitgenössische Dichter von den Farben des Schildes berichten, beispielsweise geschehen in dem Gedicht „Die Böhmerschlacht“.[193] Das Wappen wird als golden bezeichnet, in der „Böhmerschlacht“ ist der Adler aus Pelz gefertigt (*zabel*). Leider wissen wir nicht, welche Farbe dieses Fell hatte. Der Schild Rudolf wird als Reichswappen bzw. Reichsschild bezeichnet. Das ursprüngliche

---

[189] Magni presbyteri annales Reicherspergenses, (MGH SS. XVII, S. 534): „Suscitabat filios aquile, id est quia aquila est signum trimphale ad imperium pertinens, quod signum per plurimos annos sicut dictum est siluit et dormivit. Surget leo, id est ille Bohemus ferox et famosus, qui in scuto coronatum leonem preferre solebat.“

[190] Annales Sancti Rudberti Salisburgenses (MGH SS IX, S. 803-804).

[191] Ottokars Österreichische Reimchronik, V. 15.788-15.795 (MGH Dt. Chron. 5,1, S. 209).

[192] Thomas, Heinz, Rot und Gold – Krieg und Frieden, S. 21.

[193] Zitat bei Gritzner, Erich, Symbole und Wappen des alten deutschen Reiches, S. 68.

Zeichen des Königs, der Adler, war also endgültig zum Wappen des Reiches geworden und wurde von den Zeitgenossen auch so gesehen. Diese Reichswappen tritt auch in einem Siegel des Grafen Heinrich von Ura auf[194], der im Auftrag des Königs siegelte, also Urkunden, welche auf den Namen des Königs ausgestellt wurden, als Bevollmächtigter mit einem Siegel versah.[195] Auf den eigentlich königlichen Siegeln kommt der Adler nicht vor, abgesehen von seinem Sekretssiegel.[196] Hier wird deutlich, dass vor allem die Vertreter des Reiches, die im Namen des Königs ihr Amt ausüben, den Adler als Erkennungszeichen führen. Dies ist ein Zeichen für die wachsende Abstraktion des Reichswappen, weg vom rein persönlichen Abzeichen des Königs hin zum allgemeinen Symbol des Reiches.

Den königlichen Adler verherrlicht auch Konrad von Mure, der Autor des *Clipearius Teutonicorum* in seiner *Commendatitia*, welche er anlässlich der Krönung Rudolfs I. verfasste. Dort wird der herrschaftliche Adler als Vogel dargestellt, der alles beherrscht und sich über den Rest erhebt.[197] Einen ähnlichen Ton schlägt Alexander von Roes in seinem „Pavo" von 1285 an, der den Adler des Reiches dem gallischen Hahn und dem päpstlichen Pfau als höherwertig voranstellt. Nur vor diesem fürchteten sich die heidnischen Völker.[198]

Umso mehr musste der Adler als Wappen des Reiches als Gegengewicht hervorgehoben werden, als immer weniger Fürsten ihn in ihrem Wappen trugen. In der zweiten Hälfte des 13. Jahrhunderts waren es gerade noch drei, welche sich zumindest in dieser Hinsicht mit dem Reich identifizieren.[199] Man erkennt hier die immer stärker werdende Territorialisierung, welche mit dem entstehen eines Dualismus von Reich und Fürsten einhergeht. Je mehr der Adlerschild zum Wappen des Reiches wird, desto weiter entfernen sich auch König und Fürsten voneinander.

Dass Adolf von Nassau beide Zeichen führte, erkennt man gut an zwei Brakteaten, welche aus Mühlhausen in Thüringen und aus Erfurt stammen. Dort trägt der Herrscher in der rechten Hand eine Fahne und in der linken einen Schild mit einem fliegenden Adler.[200] Eine weitere, doppelseitige Münze zeigt nur den Adler auf der Brust des Königs.[201] Auf Adolfs Siegeln erscheint der Adler nicht, dafür auf einem seiner Ehefrau Imagina, welches einen Adlerschild

---

[194] Posse, Otto, Die Siegel der deutschen Kaiser und Könige, Bd. 1, Tafel 42, Nr. 2 und 3.
[195] Ebd., Textband, S. 33.
[196] Ebd., Bd. 2, Tafel 41, Nr. 5.
[197] Zitiert bei Korn, Johannes Enno, Adler und Doppeladler, S. 340.
[198] In einer interpretierenden Übersetzung von Hermann Heimpel zitiert bei Korn, S. 341.
[199] Korn, Johannes Enno, Adler und Doppeladler, S. 341.
[200] Beschrieben bei: Gritzner, Erich, Symbole und Wappen des alten deutschen Reiches, S. 69.
[201] Beschrieben bei: Ebd., S. 69.

zur Linken der Königin aufweist und erst nach Adolfs Tod gebraucht wurde.[202] Imagina wollte dadurch wohl ihre Stellung als Witwe des römischen Königs betonen.
In der Schlacht von Göllheim, in der Adolf von Nassau den Tod fand, trugen sowohl er als auch Albrecht die gleiche Fahne und das gleiche Wappenkleid, da beide sich als legitimen König ansahen. Dies wird mehrmals beschrieben. Die *Continuatio Vindobonensis* berichtet: *„uterque vero comparuit sub vexillo regis Romanorum.“* [203] Ebenso tut das die schon oben erwähnte österreichische Reimchronik, welche beiden Kontrahenten ein gelbes, mit schwarzen Adlern versehenes Wappenkleid zuschreibt.[204] Dasselbe Werk gibt auch über die gleiche Sturmfahne (*sturmvan*) der Widersacher, womit die Kreuzfahne des Heeres gemeint ist, Auskunft. Sie war rot mit einem weißen Kreuz.[205] Von einer Adlerfahne, wie sie beispielsweise in der Schlacht auf dem Marchfeld gebraucht wurde, ist nicht die Rede. Mittlerweile scheint die Kreuzfahne die Hauptfahne des königlichen Heeres geworden zu sein.[206] Der Adler dagegen taucht wieder als persönliches Zeichen des Königs auf. Unter Albrecht I. sind wiederum andere Insignien auf den Siegeln üblich, nur auf einem Sekretssiegel seit 1298 findet man, wie schon bei Rudolf, den Adler.[207]
Alle Quellen weisen als königliches Zeichen einen einfachen Adler auf. Lediglich auf dem Augsburger Judensiegel von 1298 findet sich ein Doppeladler. Da ähnliche Siegel aber auch von französischen jüdischen Gemeinden benutzt wurde, muss dieses Symbol nicht unbedingt etwas mit dem Reich zu tun haben.[208] Vielleicht wurde diese Darstellungsweise nur aus ästhetischen Gründen eingeführt. In England dagegen hatte sich mittlerweile die Gewohnheit durchgesetzt, dem deutschen König den einfachen Adler und dem Kaiser den Doppeladler zuzuordnen. Dies erkennt man beispielweise an einem Glasfenster des Münsters von York, welches auf 1307 datiert ist.[209]

---

[202] Posse, Otto, Die Siegel der deutschen Kaiser und Könige, Tafel 43, Nr. 5.
[203] Continuatio Vindobonensis (MGH SS IX, S. 721).
[204] Reimchronik Ottokars (MGH Dt. Chronik 5, 1 und 2; V. 72.677 ff.)
[205] Ebd., V. 72.636 ff.
[206] Vgl. Gritzner, Erich, Symbole und Wappen des alten deutschen Reiches, S. 71.
[207] Posse, Otto, Die Siegel der deutschen Kaiser und Könige, Bd. 1, Tafel 45, Nr. 3.
[208] Bleisteiner, Claus D., Der Doppeladler von Kaiser und Reich im Mittelalter, S. 27-28.
[209] Ebd., S. 16-17; Korn, Johannes Enno, Adler und Doppeladler, S. 368.

6. Heinrich VII. – Eine luxemburgische Sonderentwicklung

Unter dem ersten Luxemburger findet man den Adler mit ausgebreiteten Schwingen als Rücksiegel des Thronsiegels.[210] Auch auf der kaiserlichen Goldbulle Heinrichs VII. erscheint der Adler und zwar auf dem Revers als Symbol auf dem Tor der Stadt Rom, welches auf der Bulle dargestellt ist.[211] Auch der Rand der ineinandergefügten Teile ist mit Adlern besetzt.[212] Es ist wohl nicht zu übersehen, dass hier der Anspruch des Kaisers auf universale Herrschaft, welche auch diejenige über die Stadt Rom einschließt, dargestellt wird. Vermutlich wollte er der kaiserlichen Herrschaft neuen Ausdruck verleihen, nachdem es seine Vorgänger ja nicht nach Rom geschafft hatten. Auch auf den Münzen kommt daher der Adler häufiger vor. Die Legende auf dem Revers des Thronsiegels lautet: „IUSTE IUDICATE, FILII HOMINUM". Diese übernahmen auch Ludwig der Bayer, Karl IV. und Günther von Schwarzburg. Korn vermutet darin einen Bezug zum Adler und sieht diesen als Zeichen der königlichen Gerechtigkeit.[213] Auch auf dem Grabmal des Kaisers in Pisa ist der herrschaftliche Vogel stark vertreten, und zwar sowohl auf dem Gewand des Kaisers als auch unter dem Sarkophag.
Dort trägt ein Adler das Schriftband mit der Aufschrift „QUIDQUID FACIMUS, VENIT EX ALTO." Hier spielt wohl vor allem die christliche Deutung des Adlersymbols eine Rolle. Zwar ist es hier auch als Reichswappen zu verstehen, gleichzeitig dient er als Zeichen des göttlichen Ursprungs des kaiserlichen Amtes. Der Adler überträgt als Bote Gottes das Amt auf den auserwählten Menschen.[214]
Weit interessanter ist die Entwicklung der Adlerfahne und der Heerfahne in der Zeit Heinrichs VII. Die Adlerfahne, – ein schwarzer Adler auf gelbem (goldenen) Grund - welche stets in Anwesenheit des Königs bzw. Kaisers getragen wurde und diese anzeigte, wird in den Quellen recht häufig genannt. So berichtet Albertinus Mussatus in seiner *Historia Augusta sive Gesta Henrici VII. imperatoris*, dass der Fahnenträger Canis, welcher die Adlerfahne (*regium vexillum Aquilamque*) führte, im Kampf fiel.[215] Seltsam ist hier allerdings das *„-que"* hinter *„Aquilam"*. Man könnte dies so auffassen, dass es mehrere königliche Zeichen gab, die von einem einzigen *signifer* getragen wurden. Da dies aber nirgendwo belegt ist, wird man das *„-que"* wohl durch ein *„sive"* oder *„vel"* ersetzen dürfen. Die *Historia rerum in Italia gestarum*

[210] Posse, Otto, Die Siegel der deutschen Kaiser und Könige, Bd. 1, Tafel 47, Nr. 2; dazu Textband, S. 35.
[211] Ebd., Tafel 47, Nr. 4; dazu Textband, S. 36.
[212] Ebd., Textband, S. 36.
[213] Korn, Johannes Enno, Adler und Doppeladler, S. 342.
[214] Ebd., S. 342.
[215] Historia Augusta Albertini Mussati de Gestis Henrici VII. Caesaris, lib. VI, 6, in: Muratori scriptores rerum Italicarum X, S. 423: „Vexillifer Canis, qui regium vexillum Aquilamque gestabat."

berichtet zudem, dass die Adlerfahnen stets in Gegenwart des Herrschers entfaltet wurden.[216] Hier wird auch wieder eine Fahne auf einen hohen Punkt der Stadt aufgepflanzt, damit sie jeder sehen konnte. Zudem taucht in der Briefen Heinrichs VII. die alte staufische Formel *„victrices aquilae"* wieder auf.[217]

Die Kreuzfahne dagegen erscheint bei Heinrich VII. überhaupt nicht. Dafür berichtet der oben genannte Albertinus Mussatus von einer *aurea flamma*, welche der Kaiser neben seinem Adler auf seinem Romzug führte.[218] Diese ist vermutlich eine Imitation der französischen *Oriflamme*, der Fahne der französischen Könige, welche der Herrscher als ehemaliger Lehnsmann des französischen Königs gekannt haben müsste.[219] Allerdings wird die *Oriflamme* in den Quellen als rot bezeichnet.[220] Heinrich aber scheint einerseits die Fahne nicht als persönliches Zeichen, sondern als Heeresfahne eingeführt zu haben, andererseits scheint sie nicht rot, sondern rot und gelb gewesen zu sein. Hierüber geben uns die Miniaturen einer Handschrift Auskunft, welche zwar gut zwanzig Jahre nach dem Tod des Kaisers angefertigt wurde, dafür aber von dessen Bruder, dem Erzbischof Balduin von Trier, der als Augenzeuge anwesend war. Es handelt sich um die Bilderhandschrift zum Romzug Heinrichs VII.[221] Diese Chronik gibt uns einerseits Informationen über die königliche Adlerfahne, welche stets in der Nähe der Person des Königs getragen wird und zwar nur, wenn dieser sich mit seinem Gefolge inmitten des Heeres auf dem Weg befindet, meistens in kriegerischer Absicht.[222] Bei zivilen Angelegenheiten hält der Kaiser lediglich ein Lilienzepter in der Hand, der Adler taucht nicht auf. Dies weist auf den militärischen Charakter desselben als königliches Feldzeichen hin. Andererseits erscheint auf einigen Miniaturen eine rot-gelbe Fahne, die sich über das Heer spannt, zum ersten Mal auf Miniatur 11a.[223] Darüber hinaus taucht sie noch 17 mal auf. Sie spannt sich über den gesamten oberen Rand des Bildes. So lang kann sie aber unmöglich gewesen sein, da sie sonst nie ganz ausgebreitet sein könnte. Daher soll die Größe auf den Miniaturen wohl den großen Eindruck widerspiegeln, welchen die Fahne auf die Zeitgenossen gemacht hat.[224] Die Fahne wird dem königlichen Heer vorangetragen, symbolisiert also

[216] Historia rerum in Italia gestarum, in: Muratori scriptores rerum Italicarum IX, S. 1111: „Praeterea in apice templi patentes aquilas, ut eminus inde conspici possint, figi iubet."
[217] Gritzner, Erich, Symbole und Wappen des alten deutschen Reiches, S. 72.
[218] Historia Augusta Albertini Mussati de Gestis Henrici VII. Caesaris, lib. IX, 2, in: Muratori scriptores rerum Italicarum X, S. 470: „Nec minus extempo Aquilas, aureamque flammam explicans in Florentiae fines processit."
[219] Thomas, Heinz, Rot und Gold – Krieg und Frieden, S. 27.
[220] Gritzner, Erich, Symbole und Wappen des alten deutschen Reiches, S. 73.
[221] Angaben beziehen sich auf Schmid, Wolfgang, Kaiser Heinrichs Romfahrt. Zur Inszenierung von Politik in einer Trierer Bilderhandschrift des 14. Jahrhunderts, Mittelrheinische Hefte 21, Koblenz 2000.
[222] Der Adler erscheint auf den Miniaturen 7a und b, 8a, 9a, 11a, 12a, 15a, 16a, 17b, 18a, 19a, 20a, 21a, 25a und b, 26a und b, 27a und b, 28a und b, 29b, 30b, 31b, 32a und b, 33a und b und 35a.
[223] Schmid, Wolfgang, Kaiser Heinrichs Romfahrt, S. 151.
[224] Thomas, Heinz, Rot und Gold – Krieg und Frieden, S. 18-19.

wieder das Reich, welches durch das Heer repräsentiert ist.[225] Somit hat sie grundsätzlich eine ähnliche Funktion wie schon die Kreuzfahne Heinrichs VI. und seiner Nachfolger. Sie taucht in der Handschrift, welche es jetzt zu untersuchen gilt, im Normalfall dann auf, wenn der König mit seinem geharnischten Heer in kriegerischer Absicht unterwegs ist, so im Falle des aufständischen Brescia (12a) oder bei der Erstürmung des Capo di Bove (25a). Allerdings fällt auf, dass in den meisten Fällen die Fahne mit dem roten Ende am Schaft befestigt ist, manchmal aber auch mit dem gelben. Der erste Fall tritt ein, wenn der Herrscher in kriegerischer und zerstörerischer Absicht Orte aufsucht, der zweite, wenn dies in friedlicher Absicht geschieht, so im Falle der Ankunft in Arezzo, wo er von den Einwohnern freundlich empfangen wird.[226] Diese Veränderung der Farben diente wohl dazu, schon von weitem anzuzeigen, was man im Sinn hatte. Vielleicht wären beispielsweise die Einwohner von Arezzo durch das Anrücken eines kampfbereiten Heeres sonst eher verunsichert gewesen. Nur die Darstellungen zweier Miniaturen könnten in diesem Zusammenhang etwas verwirren: Auf 25b wird die Rückkehr des Kaisers nach Rom gezeigt. In diesem Fall ist der rote Teil der Fahne am Schaft befestigt, obwohl auf der Miniatur und in dem hinzugefügten Kommentar eigentlich keine kriegerischen Handlungen erkennbar sind.[227] Weiß man aber, dass Heinrich in Rom keineswegs allerseits freundlich empfangen wurde, sondern es zu Kämpfen innerhalb der Stadt gekommen war, so scheint es nicht ungerechtfertigt, mit dem Zeichen des Krieges zu erscheinen, um den Gegnern die Macht und die potentielle Bedrohung, welche für sie vom kaiserlichen Heer ausgeht, zu demonstrieren. Beim Zug gegen Neapel ist dagegen das gelbe Ende der Fahne am Schaft befestigt (35a), obwohl der Herrscher nicht in friedlicher Absicht in die Stadt kommt. Schaut man sich aber die Miniatur genauer an, so fällt auf, dass das Stadttor bereits geöffnet ist und keine feindselige Handlung stattfindet.[228] Vielleicht ist das Tor auf dem Bild auch gar nicht das Stadttor Neapels, sondern das einer anderen Stadt, die auf dem Weg liegt. Das beste Argument zur Untermauerung dieser These ist wohl, dass der Kaiser Neapel ja gar nicht erreichte, sondern vorher gestorben war. Insofern kann die Miniatur nicht das Tor des eigentlichen Zielortes darstellen.

Eine weitere Quelle für den Gebrauch der gelb-roten Heeresfahne finden wir in den von Johannes von Buch verfassten Glossen zum Landrecht des Sachsenspiegels. Allerdings lesen wir dort über einen abweichenden Gebrauch der Fahne. Dort steht das Rot für die Liebe zu

[225] Ebd., S. 19.
[226] 26b, 33a.
[227] vgl. Thomas, Heinz, Rot und Gold – Krieg und Frieden, S. 29.
[228] Ebd., S. 29.

Gott und das Gelb für Gerechtigkeit und Macht über Leben und Tod.[229] Auch im „Lohengrin" des Nouhusius vom Ende des 13. Jahrhunderts wird etwas über die Bedeutung der Farbe Gelb als Fahne ausgesagt. In den Versen 3983 und 3984 heißt es: *„Daz gelbe an dem zegelîn was an dem schaft / gebunden vast durch vrîde zu der stangen."* [230] Auch hier wird also die friedensanzeigende Bedeutung der gelben Farbe betont. Der Glossator scheint sich also entweder geirrt zu haben oder eine andere Auffassung der Farbsymbolik zu vertreten. Merkwürdig ist auch die Tatsache, dass Johannes von Buch dem Adler auf der Adlerfahne des Herrschers ein Kreuz auf die Brust gibt. Dies ist sonst nicht bezeugt.[231] Ebenfalls seltsam erscheint es, dass die Glossen erst nach der Regierungszeit Heinrichs VII. verfasst wurden, als die rot-gelbe Fahne wahrscheinlich schon nicht mehr im Gebrauch war. Insgesamt blieb sie ein vorübergehendes Phänomen.

---

[229] Glossen zum Sachsenspiegel – Landrecht. Buch'sche Glosse. Teil 3, III 53 (III 60) § 1 (MGH Fontes iuris N.S. VII, 3, S. 1322): „To deme dridden hefft he ene vanen, de ys vore rod unde hindene ghele. By deme roden ys ypghenomen de ware leue, de he to gode vnde yn god hebben schal. By deme ghelen ys vpghenomen de rechtuerdicheit, de he vnder dotliken luden hebben schal, vnde den dod, den he den bozen anleggen schal, wente ghele varwe betekenet den dod."

[230] Zitiert bei Thomas, Heinz, Rot und Gold – Krieg und Frieden, S. 31.

[231] Glossen zum Sachsenspiegel – Landrecht. Buch'sche Glosse. Teil 3, III 53 (III 60) § 1 (MGH Fontes iuris N.S. VII, 3, S. 1321): „To deme anderen hefft dat ryke ene banner, da ynne steyd en arn, deme steyt en cruce vor der borst, vnde betekenet, dat he vor allen cristenen luden schal voren dat cruce [...]."

7. Ludwig der Bayer – Der Adler als Amtszeichen des Reiches

Unter Ludwig IV. ist das Adlersymbol vermehrt auch auf Siegeln zu sehen. Bemerkenswert ist, dass er jetzt auch auf dem kaiserlichen Thronsiegel auftaucht, und zwar gleich dreimal.[232] Der Herrscher trägt nach längerer Unterbrechung wieder ein Adlerzepter. Auch zu beiden Seiten des thronenden Kaisers sitzt jeweils ein Adler. Auch das Rücksiegel ziert ein herrschaftlicher Raubvogel. Hier ist außerdem die schon unter Heinrich VII. gebrauchte Devise „*Iuste iudicate filii hominum*" zu finden.[233] Ansonsten ist er noch auf drei Sekretssiegeln Ludwigs zu sehen, in einem von ihnen erscheint er im Schild.[234] Aber nicht nur die Siegel des Herrschers selbst, sondern auch die seiner Gemahlinnen Beatrix und Margarete, zeigen das herrschaftliche Symbol.[235] Aber nicht nur der siegreiche Ludwig trägt den Adler in seinen Siegeln, sondern auch dessen Gegenkandidat Friedrich der Schöne und dessen Gemahlin Isabella. Bei Friedrich sieht man ihn einmal auf einem königlichen Sekretsiegel mit dem österreichischen Bindenschild auf der Brust[236], ein andermal als offensichtliche Verfälschung des Rücksiegels zu Ludwigs Thronsiegel.[237] Augenscheinlich beanspruchen beide das Adlersymbol für sich. Es stellt sich nun die Frage, warum dieses nun auch auf Siegeln eine so große Rolle spielt. Vielleicht ist eine Ursache darin zu suchen, dass der König bzw. Kaiser nun immer mehr als Vertreter und Bevollmächtigter des Reiches siegelt. Dass Ludwig zumindest zeitweise unter dem erdrückenden Einfluss der mächtigen Reichsfürsten stand, muss hier nicht erwähnt werden. Dennoch macht gerade diese Tatsache die Verwendung des Adlerzeichens umso folgerichtiger. Es steht für das Reich, welches im Adlerwappen vertreten ist und für den König, welcher die ausführende Gewalt im Reich innehat. Der Herrscher wird sozusagen zum Beamten des Reiches, welcher mit seinem Siegelsymbol im Auftrag desselben handelt. Insofern ist der Adler auch vielmehr als Reichs- denn als Königszeichen zu sehen, wobei natürlich eine gewisse Differenzierung gegenüber den fürstlichen Siegeln und Wappentieren eine Rolle spielt, ebenso wie die Absicht, dem Papst das eigene Herrschaftszeichen demonstrativ gegenüberzustellen. Dies beweist auch die Adlerdalmatika im Bereich der Kleinodien, die zum ersten Mal bei der Übergabe derselben an Karl IV. erwähnt wird, wahrscheinlich also noch unter Ludwig dem Bayern hergestellt wurde.[238] Sie ist aus rotem Stoff gewebt und mit goldenen Medaillons besetzt, welche den einfachen schwarzen Adler zeigen.

[232] Posse, Otto, Die Siegel der deutschen Kaiser und Könige, Bd. 1, Taf. 51, Nr. 1.
[233] Ebd., Taf. 51, Nr. 2.
[234] Ebd., Taf. 50, Nr. 6 (mit Schild); Taf. 51, Nr. 3 und 4).
[235] Ebd., Taf. 52, Nr. 3, 6, 7, 8.
[236] Ebd., Taf. 53, Nr. 8.
[237] Ebd., Taf. 53, Nr. 6; dazu Posse, Textband, S. 38.
[238] Pleticha, Hans, Des Reiches Glanz, S. 135; Abbildung s. dort.

Eine Auskunft über das Adlerwappen des Herrschers gibt uns die Große Heidelberger Liederhandschrift aus der ersten Hälfte des 14. Jahrhunderts. Dort ist Kaiser Heinrich VI. dargestellt. Zur Rechten des Herrschers ist als Wappenschild ein schwarzer Adler auf goldenem Grund mit roten Krallen zu sehen.[239] Derselbe Adler erscheint als Helmzier zur Linken. Für die These, der König bzw. Kaiser sei nunmehr der ausführende Beamte des Reiches und das Adlerwappen symbolisiere mehr das Reich als den König selbst, spricht die Tatsache, dass die Züricher Wappenrolle, welche ungefähr zur gleichen Zeit entstand, das Wappen als Wappen Roms, sprich des Heiligen Römischen Reiches, bezeichnet und nicht etwa als Wappen des Herrschers selbst.[240] Auch hier erscheint es mit Helm und Helmzier, hier mit zwei Hörnern. Die Entwicklung ist unverkennbar: Das Adlerwappen verselbständigt sich immer mehr als Zeichen des Reiches und entfernt sich als solches von der Person des Herrschers. Der Schritt vom konkreten königlichen Abzeichen hin zur abstrahierenden Darstellung ist nahezu vollzogen, auch wenn es noch ein Weile dauert, bis diese Entwicklung abgeschlossen ist. So verwundert es auch nicht, dass auf dem Thronsiegel Ludwigs gleichzeitig der bayrische Löwe und der Adler des Reiches zu sehen sind. Der König bleibt stets Herrscher über seine Hausmacht und bringt dies auch durch deren Symbole zum Ausdruck. Die Würde, das Reich als König und Kaiser zu repräsentieren, wird ihm erst durch Wahl und Krönung verliehen, ihr Symbol ist der Adler. Erst dann erhält er auch das Zeichen des Reiches und kann es verwenden. Es erscheint wie das Zeichen eines Amtes. Vermutlich ist auch eine gewisse Abgrenzung gegenüber dem Papsttum eine Ursache für die demonstrativ vermehrte Anwendung des Adlers. Der Adler als Reichs- und Königswappen soll wohl gerade zeigen, dass das Reich unabhängig vom Papsttum existieren kann und sich diesem gegenüber auch deutlich abgrenzt.
Ähnlich wie in der Schlacht auf dem Marchfeld beanspruchten auch in der Entscheidungsschlacht bei Mühldorf zwischen Friedrich dem Schönen und Ludwig dem Bayern beide Rivalen die Zeichen des Reiches für sich. In der Chronik des Johannes von Viktring heißt es, dass beide Feldzeichen führten, die einen Adler trugen (*signa imperialia aquilifera*).[241] Sonstige Berichte über diese Schlacht erwähnen gar keine Farben, so beispielsweise die Sächsische Weltchronik in der zweiten bayrischen Fortsetzung.[242] Dass wohl Adlerfahnen als Feldzeichen geführt wurden, kann man an einer Miniatur der von Landgraf Heinrich II. von Hessen in Auftrag gegebenen Handschrift des „Willehalm“ von 1334 sehen. Auf der Darstellung einer Schlacht gegen Heiden, welche teilweise als Darstellung der Schlacht bei Mühldorf von

[239] S. Abbildung 7.
[240] S. Abbildung 8.
[241] Böhmer, Fontes rerum germanicarum I, 394.
[242] Thomas, Heinz, Rot und Gold – Krieg und Frieden, S. 24.

1322 gewertet wird[243] ist dort eine viereckige Adlerfahne, schwarzer Adler auf goldenem Grund, zu sehen, von der drei ebenfalls goldene kleine Flammen abstehen.[244] Nun ist es aber unklar, ob dies die persönliche Fahne des Königs war, wie man sie in der Chronik der Romfahrt Heinrichs VII. fand, oder ob es sich schon um die Markgröninger Sturmfahne (*sturmvan*) gehandelt hat, deren Führung zusammen mit dem Lehen Markgröningen an bestimmte Personen übertragen wurde. Überhaupt erfahren wir für die Zeit Ludwigs IV. nur von einer einzigen Fahne, wenn auch Gritzner davon ausgeht, dass es eine persönliche Königsfahne und eine Sturmfahne gegeben habe.[245] Dafür gibt es aber keinen Anhaltspunkt. Es könnte also durchaus sein, dass unter dem ersten Wittelsbacher nur eine Fahne im Gebrauch war.

Auch wenn man am Ende nicht endgültig sagen kann, ob es eine oder mehrere Fahnen gegeben hat, erfahren wir jedenfalls, dass es eine Fahne gegeben haben muss, welche an ein Lehen gekoppelt war. Zum Anfang der Regierungszeit Ludwigs IV. scheint dies noch nicht der Fall gewesen zu sein. Die Führung der *sturmvan* wird bei bestimmten Anlässen an Vertraute des Königs übergeben. So erhält in der Schlacht von Mühldorf der Graf Konrad von Schlüsselberg die Führung der Fahne[246], beim Romzug des Königs Castruccio, der Herr von Lucca. [247] Erst im Jahre 1332 wurde festgelegt, dass der Herr von Schlüsselberg, der schon 1322 Markgröningen als Lehen bekommen hat[248], auch das Amt des Trägers der Sturmfahne übertragen bekommt und dieses auch erblich ist.[249] Weiter oben wurde festgestellt, dass schon in Salischer Zeit ein gewisses schwäbisches Geschlecht aus Grüningen (Markgröningen) als *signifer* des Reiches bezeichnet wurde. Man scheint sich also in der ersten Hälfte des 14. Jahrhunderts wieder an diese Verbindung von Amt und Lehen erinnert zu haben. Allerdings ist in den 250 Jahren dazwischen davon so gut wie nie die Rede. Nur in einer Urkunde von 1257 wird Hartmann von Grüningen als *„sacri imperii signifer"* bezeichnet.[250] Vermutlich geriet die Aufgabe der Markgröninger in Vergessenheit und wurde von den Herrschern nicht wahrgenommen. Den Titel freilich führten sie ehrenhalber wohl noch immer. Bereits im Jahre

---

[243] Ebd., S. 25, Anm. 38.

[244] Abbildung in Holladay, Joan A., Illuminating the Epic. The Kassel Willehalm Codex and the Landgraves of Hesse in the Early Fourteenth Century, Seattle and London 1996, S. 168 (fol. 7v).

[245] Gritzner, Erich, Symbole und Wappen des alten deutschen Reiches, S. 75.

[246] Dritte Bairische Fortsetzung der Sächsischen Weltchronik, cap. 4 (MGH Dt. Chron. 2, S. 343): „der grafe Perchtolt von Eiffen und der grafe .... von Slusselberg, der het den stormvan des riches von konig Ludwiges wegen"

[247] Ernst, Max, Kriegsfahnen im Mittelalter und die Reichssturmfahne von Markgröningen, in: Württembergische Vierteljahreshefte für Landesgeschichte 36 (1930), S. 120.

[248] Böhmer, Regesta Imperii. Die Urkunden Ludwigs des Bayern, König Friedrichs des Schönen und König Johanns von Böhmen, Nr. 472, S. 28.

[249] Gritzner, Erich, Symbole und Wappen des alten deutschen Reiches, S. 76.

[250] Württembergisches Urkundenbuch, Urkunde vom 4. März 1257, online unter: http://maja.bsz-bw.de/wubonline/: „Universis presens scriptum inspecturis Hartmannus comes de Grůningin et sacri imperii signifer salutem in omnium salutari."

1336 wird das Amt des Fahnenträgers zusammen mit dem Lehen an Graf Ulrich III. von Württemberg übergeben, wohl als Dank für tatkräftige Unterstützung des Kaisers.[251] Und bei den Württembergern bleibt es vielleicht auch in der Folgezeit, wenn auch die Ausführung des Amtes bis zum Ende des Mittelalters nicht mehr erwähnt wird.[252] Wie die Sturmfahne von Markgröningen aussah, wissen wir nicht. Lediglich oben genannten Quellenzitate für die Adlerfahnen weisen auf die Verwendung einer solchen hin, vorausgesetzt, die Markgröninger Fahne war tatsächlich die einzige geführte Sturmfahne der Zeit. Einen Anhaltspunkt für ein Adlerbild auf besagter Fahne bietet allerdings auch das Begräbnis Karls IV., das uns weiter unten beschäftigen wird.

Eine kleine Besonderheit weist der Minneroman „Wilhelm von Österreich" des der Familie des Gegenkönigs Friedrich zugeneigten Johann von Würzburg auf, der als Reichsfahne ein schwarzes Kreuz auf weißem Grund vorschlägt.[253] Vielleicht wollte er damit auf die unliebsame Vorrangstellung des ehemals heidnischen Adlers als königliches Zeichen hinweisen und als Gegengewicht das christliche Zeichen proklamieren.[254] Allerdings ist der tatsächliche Gebrauch als königliche Fahne nirgends belegt. Offenbar blieb es bei einem Vorschlag.

Auch der Doppeladler tritt zur Zeit Ludwigs des Bayern erneut auf. Allerdings kann man durchaus nicht von einer Veränderung des Reichswappens vom einköpfigen zum doppelköpfigen Adler hin reden, wie es die ältere Forschung tut.[255] Einmal begegnet uns der zweiköpfige Adler auf dem Amtssiegel des Konrad Schenk von Erbach, der unter Ludwig zum Obmann des Rheinischen Landfriedens ernannt wurde. Er siegelt im Jahre 1335 mit einem Doppeladler, auf dessen Brust das Erbacher Wappen angebracht war. Diese Verwendung des Symbols diente allerdings zur Differenzierung gegenüber dem eigentlichen königlichen Wappen, das nur der König selbst führt. Der Erbacher siegelt ja nicht als König, sondern als dessen Amtmann. Durch den zweiten Kopf des Adlers wird das königliche Zeichen gemindert. So soll man sehen, dass eben der einköpfige Adler das Symbol des Königs ist und nicht der doppelköpfige. Dieser wird lediglich von den Untergegebenen genutzt, die zwar in dessen Auftrag handeln, aber nicht selbst Herrscher sind.[256]

---

[251] Ernst, Max, Kriegsfahnen im Mittelalter und die Reichssturmfahne von Markgröningen, S. 122; Gritzner,Erich, Symbole und Wappen des alten deutschen Reiches, S. 76.
[252] Ernst, Max, Kriegsfahnen im Mittelalter und die Reichssturmfahne von Markgröningen, S. 123.
[253] Johann von Würzburg, Wilhelm von Österreich, hg. von Ernst Regel, Berlin 1905, V. 16.633 ff. (Zitiert bei Thomas, Heinz, Rot und Gold – Krieg und Frieden, S. 24).
[254] Ebd., S. 24.
[255] Vgl. Gritzner, Erich, Symbole und Wappen des alten deutschen Reiches, S. 89 ff.
[256] Bleisteiner, Claus D., Der Doppeladler von Kaiser und Reich im Mittelalter, S. 28.

Ein weiteres Mal taucht der Doppeladler auf dem Avers einer goldenen Münze, *écu d'or* genannt, auf.[257] Da aber Edward III. von England die Münzen prägen ließ – vermutlich waren es die 300.000 Goldgulden, die er Ludwig als Kriegshilfe gegen Frankreich zukommen ließ – sind auch sie kein Beweis für den Gebrauch des zweiköpfigen Adlers als königliches oder kaiserliches Symbol.[258] Es wurde ja schon festgestellt, dass es schon zu Beginn des 14. Jahrhunderts in England die Auffassung gab, dass dem deutschen König der einfache Adler und dem Kaiser der Doppeladler zukomme. Vermutlich schlug sich dies im Münzbild der Goldmünzen nieder. Tatsache jedenfalls ist, dass in allen übrigen Fällen, sei es auf Siegeln, Münzen oder Miniaturen, stets der einköpfige Adler als Zeichen des Königs und Kaisers fungiert. Ein regelmäßiger Gebrauch des Doppeladlers ist nicht nachzuweisen.

[257] Kull, Johann V., Die Münzen, Medaillen und Siegel Kaiser Ludwig IV des Bayern, S. 6, Nr. 5.
[258] Bleisteiner, Claus D., Der Doppeladler von Kaiser und Reich im Mittelalter, S. 29.

8. Karl IV.

8.1. Adler und Fahnen zu Lebzeiten des Herrschers

Auf den Siegeln Karls IV. findet man den Adler schon ganz zu Beginn der Regierungszeit, und zwar auf dem Königssiegel, welches schon am Krönungstag in Aachen 1346 gebraucht wurde.[259] Es zeigt den thronenden Herrscher, auf dessen rechter Seite der Adler in einem Dreiecksschild erscheint. Zur Linken ist der böhmische Löwe, ebenfalls im Schild, abgebildet.[260] Ähnlich ist auch das kaiserliche Thronsiegel Karls gestaltet, das überdies an das Thronsiegel Ludwigs IV. erinnert.[261] Auch hier findet man den Adler zur Rechten des Herrschers, den böhmischen Löwen zur Linken. Außerdem befinden sich zu beiden Seiten des Kaisers Adler, welche die beiden Wappen tragen.[262] Auch das Rücksiegel ziert ein einköpfiges Exemplar des Raubvogels zusammen mit der bekannten Devise *„Iuste iudicate filii hominum“*.[263] Abgesehen von den Sekretsiegeln und den Siegeln der Gemahlinnen des Herrschers, auf denen fast immer nur der einköpfige Adler zu finden ist[264], erscheint selbiger stets zusammen mit dem böhmischen Löwen, so auch auf der kaiserlichen Goldbulle Karls.[265] Dies mag daher kommen, dass sich der Herrscher, wie schon spätestens unter Ludwig IV. sichtbar, stets auch als Vertreter der eigenen Hausmacht präsentiert, nicht nur als König oder Kaiser des Reiches. Die dynastischen Interessen treten gegenüber dem Reich in den Vordergrund. Allerdings ist dies auch verständlich, da der Herrscher des Spätmittelalters ohne eine große Hausmacht nicht bestehen konnte. Auch hier erscheint, ähnlich wie bei Ludwig IV., der König bzw. Kaiser eher als Verwalter des Reiches denn als Herrscher.

Weiterhin bleibt also der einfache Adler das offizielle Zeichen des Herrschers und des Reiches. Es gibt allerdings auch Quellen, die den Doppeladler erwähnen. Konrad von Megenberg beispielsweise vertritt in seiner *Oeconomica* (auch *Yconomica*, entstanden 1350-52) die Ansicht, dass der Kaiser einen doppelköpfigen Adler führe, da er zwei Stände zu schützen habe, nämlich Klerus und Laienstand. Gleichzeitig müsse er sowohl die Vergangenheit beachten als auch für die Zukunft sorgen. Das Schwarz des Adlers symbolisiere die Sammlung der Gläubigen durch den Kaiser, die er zum rechten Glauben führen müsse. Zugleich sei es die Farbe der Buße, da der Herrscher die Passion Christi mitleiden solle. Daher habe der Adler

---

[259] Posse, Otto, Die Siegel der deutschen Kaiser und Könige, Textband, S. 40.
[260] Ebd., Bd. 2, Taf. 1, Nr. 5.
[261] S.o.
[262] Posse, Otto, Die Siegel der deutschen Kaiser und Könige, Bd. 2, Taf. 3, Nr. 4.
[263] Ebd., Taf. 3, Nr. 5.
[264] Ebd., Taf. 1, Nr. 6; Taf. 4, Nr. 1; Taf. 5, Nr. 3 und 4; Lediglich ein Kaisersekret (Taf. 4, Nr. 6) zeigt die Löwe-Adler-Kombination, allerdings dieses Mal seitenverkehrt.
[265] Ebd., Taf. 3, Nr. 6.

auch ausgebreitete Flügel, da diese die ebenfalls ausgebreiteten Arme Jesu am Kreuz darstellen sollen. Letztendlich sei der Schild golden. Die goldene Farbe steht laut Konrad für das Licht des Geistes, das der Kaiser nötig habe, um gerecht und weise zu handeln.[266] Mit diesen Ansichten gibt der Autor wohl kaum die allgemeine Auffassung der Zeit wider, es handelt sich eher um eine ideologische Konstruktion. Schließlich handelt es sich bei der *Oeconomica* um eine Staatslehre, die sehr die subjektive politische Einstellung des Verfassers widerspiegelt.[267] Darüber hinaus versuchte Konrad wohl eher, die Person des Kaisers mit dem Adler gleichzusetzen als die Grundlagen für heraldische Neuerungen zu legen. Konsequenzen für das offizielle kaiserliche Wappen lassen sich daraus nicht ziehen.[268]

Als zweites Zeugnis für den Doppeladler kann man den Bericht über die Schlacht bei Crécy in den *Chroniques* des Jean Froissart anführen, in dem geschrieben steht, dass Karl IV., der auf der Seite des französischen Königs kämpfte, einen doppelköpfigen Adler führte.[269] Wenn diese Quelle nicht ohnehin zu bezweifeln ist – der Autor war nicht Augenzeuge der Schlacht und zu dieser Zeit erst acht Jahre alt - , so kann man den Gebrauch des Doppeladler damit begründen, dass das Reich nicht offiziell in die Auseinandersetzung einbezogen war, und Karl zwar auf seinen Status als neu gewählter Gegenkönig hinweisen wollte, sich aber nicht mit dem Zeichen des Reiches schmücken wollte, da er sonst als dessen offizieller Vertreter fungiert hätte.[270] Allerdings muss man berücksichtigen, dass Froissart sich vor der Abfassung seiner Chronik fünf Jahre in England aufgehalten hatte. Vermutlich hat er dort die anglonormannische Auffassung vom Doppeladler, der dem Kaiser zukommt, kennen gelernt und, da Karl IV. zu dieser Zeit schon Kaiser war, diesem zugeordnet.[271] Jedenfalls kann man auch hier keinesfalls vom zweiköpfigen Adler als offizielles kaiserliches Symbol sprechen.

Ein weiterer Beleg für die inoffizielle Auffassung ist die Mecklenburgische Reimchronik des Ernst von Kirchberg, welche um 1378 von Herzog Albrecht II. von Mecklenburg in Auftrag gegeben wurde. Dort sind in den Initialen zu den Kapiteln III, XII, XVIII und XXXI die Herrscher mit einer Adlerfahne ausgestattet, die stets den doppelköpfigen Adler trägt.[272] Lediglich einmal erscheint ein einfacher Adler auf der Fahne des Herrschers, nämlich bei der Schilderung der Anfänge Heinrichs IV., der in diesem Kapitel auch lediglich als König (*ko-*

---

[266] Konrad von Megenberg, Yconomica, lib. II, 4, 15 (MGH Staatsschriften III, 2, S. 215 ff.).

[267] Vgl. Korn, Johannes Enno, Adler und Doppeladler, S. 422.

[268] Bleisteiner, Claus D., Der Doppeladler von Kaiser und Reich im Mittelalter, S. 35.

[269] Zitiert bei Bleisteiner, S. 30-31, Anm. 160.

[270] Ebd., S. 31.

[271] Ebd., S. 31.

[272] Abbildungen in: Baier – Schröcke, Helga, Die Buchmalerei in der Chronik des Ernst von Kirchberg im Landeshauptarchiv Schwerin. Ein Beitrag zu ihrer kunstgeschichtlichen Erforschung, Findbücher, Inventare und kleine Schriften des Landeshauptarchivs Schwerin 13, Schwerin 2007; Initiale zu Kapitel III auf S. 55 (Karl der Große), zu Kapitel XII auf S. 65 (Otto I.), zu Kapitel XVIII auf S. 71 (Otto III.) und zu Kapitel XXXI auf S. 77 (Heinrich IV. und Rudolf von Rheinfelden).

nig) bezeichnet wird.[273] In den Kapiteln, die mit den weiter oben genannten Initialen geschmückt sind, ist stets vom Kaiser (*keysir*) die Rede. Offensichtlich gibt der Autor bzw. der Zeichner der Miniaturen hier die inoffizielle und aus dem anglo-normannischen Bereich stammende Auffassung wieder, dass dem König der einköpfige und dem Kaiser der doppelköpfige Adler zukomme. Da die Miniaturen laut neuester Forschung wohl im Zisterzienserkloster zu Doberan entstanden sind[274], wäre es möglich, dass sich in den Gebieten des Reiches, die außerhalb des Reisebereiches des Herrschers lagen, die Auffassung der zwei unterschiedlichen Adlersymbole zuerst durchsetzte. Außerhalb des Reiches schien sie ja schon Allgemeingut gewesen zu sein. Die Reichsgebiete dagegen, die den Herrscher öfter zu Gesicht bekamen, werden wohl mit der Realität vertraut gewesen sein. Die Beweiskraft des einköpfigen Adlers als Symbol auf den Siegeln des Herrschers ist jedenfalls eindeutig höher als die der Quellen, die für den Doppeladler sprechen. Hier steht der offizielle Gebrauch höher als die ideologisch gefärbte, oft außerhalb des Reiches entstandene Zuordnung.

8.2. Das Begräbnis des Kaisers

Etwas über das Aussehen und den Gebrauch der Fahnen Karls IV. erfahren wir erst aus dem Protokoll der Zeremonie zum Begräbnis des Kaisers. Dem Leichnam werden verschiedene Fahnen und Wappen vorangetragen, die sowohl die Hausmachtsterritorien Karls als auch das Reich symbolisieren. Den Anfang bildet ein Banner aus roter Seide, das in der Chronik der Stadt Augsburg als Feuerbanner (*fuirpanier*) bezeichnet wird.[275] Allerdings erfährt man nichts über die Bedeutung dieses Banners. Das Aussehen und die Beschaffenheit des Stoffes erinnern aber an die französische Oriflamme, die Karl wohl spätestens aus seiner Jugendzeit in Paris kannte.[276] Schon zur Zeit Heinrichs VII. berichtete ja Albertinus Mussatus von einer „*aurea flamma*", die der König auf seiner Romfahrt geführt habe und die darüber hinaus auch auf den Miniaturen des Balduineums zu sehen ist.[277] Obwohl Heinz Thomas bestreitet, dass diese Fahne als Imitation der *Oriflamme* gemeint sein könnte[278], ist dieser Schluss doch naheliegend. Sowohl Heinrich VII. als auch Karl IV. haben die *Oriflamme* gekannt, beide Herrscher waren lehnsrechtlich oder verwandtschaftlich mit dem französischen König verbunden. Es liegt somit auf der Hand, dass beide Herrscher die bekannte französische Fahne

[273] Ebd., Initial zu Kapitel XXIX, S. 75.
[274] Ebd., S. 48.
[275] Die Chroniken der deutschen Städte, Bd. 4, Augsburg 1, Leipzig 1865, S. 60-61: „Item da fürt man im vor ain panier, daz haist daz fuirpanier. Daz war rott sidin."
[276] Thomas, Heinz, Rot und Gold – Krieg und Frieden, S. 26.
[277] S.o.
[278] Thomas, Heinz, Rot und Gold – Krieg und Frieden, S. 27.

zum Vorbild hatten, zumal die *Oriflamme* nicht nur das Zeichen des Königs von Frankreich war, sondern auch auf Karl den Großen verwies, der sie als Heerzeichen führte.[279] Da sich die Kaiser des Heiligen Römischen Reiches als Nachfolger des Frankenkaisers sahen, ist die Imitation von dessen Heerzeichen naheliegend. Allerdings scheint es sich bei dieser Übernahme um eine spezifisch luxemburgische Gepflogenheit zu handeln. Nur Heinrich VII. und Karl IV. führten dieses Banner, wobei es Heinrich noch modifizierte, indem er es zum Indikator für Krieg und Frieden machte. Dass es sich um eine dynastische Eigenart der Luxemburger handelt, erkennt man auch daran, dass das Feuerbanner nicht in der Nähe der Reichsinsignien getragen wird, sondern vor den Farben der luxemburgischen Territorien, die in der Prozession nun folgen. Sie sollen hier im einzelnen nicht wiedergegeben werden.[280]

Erst danach sind die Zeichen des Reiches an der Reihe. Zunächst wird der schwarze Adler des Reiches auf goldenem Feld getragen.[281] Hierbei handelt es sich vermutlich um den Schild, den der Herrscher führte. Von einer Fahne ist hier wahrscheinlich nicht die Rede. Es folgen als weitere imperiale Insignien ein durch ein Hermelintuch bedeckter Helm mit Krone und ein Schwert, dessen Spitze dem Boden zugewandt ist.[282] Als nächstes wird eine Fahne getragen, die in der Chronik als *„fan des hailgen richs"* bezeichnet wird, vom Verfasser also als eigentliche Reichsfahne angesehen wird. Sie wird als rote Fahne beschrieben, auf der sich ein weißes Kreuz befindet.[283] Interessant ist, dass hier wieder die Kreuzfahne des Reichsheeres auftaucht, obwohl von ihr nahezu ein Jahrhundert lang nicht mehr die Rede war. Unklar ist nun, ob die Fahne tatsächlich nicht geführt wurde oder ob sie als so selbstverständlich vorausgesetzt wurde, dass man sie einfach nicht mehr erwähnte. Jedenfalls scheint der Autor der Augsburger Chronik sie nicht als etwas Besonderes zu empfinden. Leider muss diese Frage aufgrund der schwierigen Quellenlage wohl zunächst einmal unbeantwortet bleiben.

Auch die nächste Insignie ist etwas unklar. Der Verfasser spricht von einem leuchtenden schwarzen Adler in einem silbernen Feld.[284] Ob es sich dabei aber um eine Fahne, einen Schild oder Ähnliches handelt, wird nicht weiter erklärt. Allerdings spricht die silberne Farbe für einen metallischen Gegenstand.

---

[279] Ebd., S. 27.
[280] Nachzulesen in der Chronik von Augsburg, S. 61.
[281] Ebd., S. 61: „ ... darnach der schwartz adler des richs in ainem guldin veld."
[282] Ebd., S. 61.
[283] Ebd., S. 61: „darnach furt man den fan des hailgen richs, ain wizz crütz mit ainem langen zagel in ainem rotten veld uff ainem verdackten ros."
[284] Ebd., S. 61: „darnach furt man ainen schwartzen prinenden adler in ainem silbrin feld uf ainem verdeckten ros."

Dann folgt die sogenannte Rennfahne (Sturmfahne) des Reiches. Sie zeigt einen schwarzen Adler auf einem goldenen Feld.[285] Es ist anzunehmen, dass es sich hier um die Fahne handelt, welche zur Zeit Ludwigs des Bayern auf den Miniaturen zur vermeintlichen Schlacht von Mühldorf in der Handschrift des „Willehalm" zu finden ist. Vermutlich ist es auch die Sturmfahne, die zusammen mit dem Lehen Markgröningen an Ulrich von Württemberg übergeben wurde. Somit könnte sie auch mit der Fahne identisch sein, die auf den Miniaturen des Balduineums in der Nähe des Kaisers getragen wird und dessen Anwesenheit innerhalb des Heeres anzeigt. Die Funktion dieser Rennfahne scheint im Verlaufe des 14. Jahrhunderts dieselbe gewesen zu sein. Bezüglich der Heerfahne des Reiches kann man annehmen, dass die Kreuzfahne des Reichsheeres unter Heinrich VII. durch das gelb-rote Banner des Balduineums ersetzt, spätestens unter Karl IV. aber als rot-weiße Kreuzfahne wieder eingeführt wurde, wobei die der *Oriflamme* nachgebildete rote Fahne zum spezifischen Zeichen der luxemburgischen Dynastie wurde und als dritte Fahne neben Kreuz und Adler geführt wurde. Die besondere Bedeutung der Rennfahne wird auch daran deutlich, dass sie in der Prozession, wie das Schwert, nach unten gehalten wird, während die Fahnen der luxemburgischen Territorien alle in gewohnter Art und Weise geführt wurden. Die nach unten gekehrte Fahne soll vielleicht das Ende der Kaiserherrschaft Karls andeuten, während die dynastische Kontinuität gewahrt bleibt.[286] Dies würde sich auch mit dem Herrschaftsverständnis decken, dass durch Karls Siegel zum Ausdruck kommt und auch schon von seinem Vorgänger angedeutet wird: Die dynastischen Territorien sind die Basis der Herrschaft. Die Königs- bzw. Kaiserwürde ist nur auf Zeit verliehen, sie endet mit dem Tod des Herrschers, während Dynastie und Hausmacht erhalten bleiben.

---

[285] Ebd., S. 61: „darnach furt man ain guldin rennfaun mit ainem schwartzen adler des richs verkert daz haubt gen tal uf ainem verdeckten ros."

[286] Meyer, Rudolf J., Königs- und Kaiserbegräbnisse im Spätmittelalter. Von Rudolf von Habsburg bis zu Friedrich III., Beihefte zu J.F. Böhmer, Regesta Imperii 19, Köln 2000, S. 105.

9. Wenzel I. und Ruprecht I.

Kaum etwas erfahren wir über Adler und Fahnen Wenzels und Ruprechts. Lediglich die Siegel der Herrscher geben uns einige Informationen. Auf einigen Siegeln Wenzels ist der Adler abgebildet. Meistens handelt es sich dabei aber nicht um den Reichsadler, sondern um den Brandenburgs oder Schlesiens.[287] Lediglich das Rücksiegel des älteren böhmischen Thronsiegels bietet eine gewisse Besonderheit: Sowohl auf dem älteren als auch auf dem jüngeren Rücksiegel erscheint jeweils ein Doppeladler mit dem böhmischen Wappen auf der Brust.[288] Vermutlich spielt hier die gängige Differenzierung gegenüber den eigentlichen königlichen und kaiserlichen Siegeln eine Rolle. Wenzel macht dadurch als Sohn des Kaisers seine Herkunft deutlich, gleichzeitig ordnet er sich durch die unterschiedliche Gestaltungsweise des Adlers seinem Vater unter.[289] Dass aber der einköpfige Adler das offizielle Symbol des Herrschers bleibt, beweist das römische Königssiegel, welches den Stempel Karls IV. weiter gebraucht (böhmischer Löwe links, Adler rechts)[290], und das königliche Sekret.[291] Auch die Baukunst liefert uns Informationen über den Gebrauch des Adlers. So kann man im Emmauskloster in der Prager Neustadt sowohl den kaiserlichen einköpfigen Adler in der Gewölbedecke der Kirche als auch den doppelköpfigen, neben dem böhmischen Löwen, im Hauptchor sehen.[292] Auch hier kann man den Doppeladler als Zeichen Wenzels interpretieren, der neben seinem Vater bei der Einweihung des Klosters anwesend war. Auch Ruprecht ließ den Adler baulich verewigen, und zwar am Portal des Ruprechtbaus auf dem Heidelberger Schloss, wo ein einköpfiger Adler auf den Wappen Bayerns und der Pfalz steht. Die gleiche Kombination erscheint auf den Goldgulden Ruprechts.[293] Auch hier ist wieder die Verbindung von Hausmacht und Königswürde zu erkennen. Auf seinen Siegeln führt er die bestehende Sitte ebenfalls fort und kombiniert auf dem königlichen Thronsiegel den Adler auf der rechten Seite mit den Symbolen seiner Hausmacht, Rauten und pfälzischer Löwe im Schild.[294] Ebenfalls erscheint der Adler auf dem Königssekret.[295] Änderungen an der bestehenden Praxis nimmt also auch er nicht vor. Ebenso taucht in keinem Falle der Doppeladler auf. Allerdings

[287] Posse, Otto, Die Siegel der deutschen Kaiser und Könige, Bd. 2, Taf. 7, Nr. 2 (älteres böhmisches Thronsiegel), Nr. 6; Taf. 8 Nr. 4, 5, 7 und 8; Taf. 9, Nr. 5; s. dazu Posse, Textband, S. 43-44.
[288] Ebd., Taf. 7, Nr. 3 und 4; dazu Posse, Textband, S. 43.
[289] Bleisteiner, Claus D., Der Doppeladler von Kaiser und Reich im Mittelalter, S. 37.
[290] Posse, Otto, Die Siegel der deutschen Kaiser und Könige, Bd. 2, Taf. 8, Nr. 1; Textband, S. 43.
[291] Ebd., Taf. 8, Nr. 2.
[292] Bleisteiner, Claus D., Der Doppeladler von Kaiser und Reich im Mittelalter, S. 37-38.
[293] Beschrieben bei: Gritzner, Erich, Symbole und Wappen des alten deutschen Reiches, S. 104.
[294] Posse, Otto, Die Siegel der deutschen Kaiser und Könige, Bd. 2, Taf. 10, Nr. 4.
[295] Ebd., Taf. 10, Nr. 5.

geschieht dies auf einer Münze aus der Frankfurter Prägestätte.[296] Das Avers der Münze zeigt einen einfachen Adler, der auf dem bayrischen Weckenschild sitzt, während auf dem Revers die Figur Johannes des Täufers zu erkennen ist, auf dessen linker Seite ein Doppeladler angebracht ist. Warum dieser ausgerechnet dort erscheint, ist unklar. Vielleicht ist damit ein Hinweis auf das Frankfurter Stadtwappen gegeben, welches allerdings einen einköpfigen Adler zeigt[297], eventuell könnte es sich auch um eine Kombination des Stadtwappens mit dem königlichen Wappen handeln.

Sehr wenig erfahren wir über den Gebrauch und das Aussehen der Fahnen bei Wenzel und Ruprecht. Dies rührt vermutlich daher, dass beide Herrscher, ähnlich wie beim Gebrauch des Adlers, keine Veränderungen an den bestehenden Normen durchführten. So erfahren wir lediglich, dass Wenzel im Jahre 1400 den schwarzen Reichsadler auf Wappen und Fahnen dem Erzbischof von Magdeburg verliehen hat.[298] Bei Ruprecht hören wir von einem königlichen Banner, das dem Herrscher beim Einzug in Frankfurt vorangetragen wird.[299] Bei der Schlacht von Brescia wird außerdem dem Herrn von Padua das Reichsbanner (*la bandiera imperiale*) mit dem schwarzen Adler übergeben (*dall' aquila nera*).[300] Bei diesen Fahnen handelte es sich vermutlich um die Rennfahne, die auch im Begräbniszug Karls IV. geführt wurde und im Kampf die Anwesenheit des Königs anzeigt, wie es spätestens seit Heinrich VII. geschah. Diese spärlichen Informationen lassen leider keine weiteren Schlüsse zu, von einer Kreuzfahne erfahren wir gar nichts.

[296] Suhle, Arthur, Deutsche Münz- und Geldgeschichte von den Anfängen bis zum 15. Jahrhundert, S. 177.
[297] Vgl. Gritzner, Erich, Symbole und Wappen des alten deutschen Reiches, S. 105.
[298] Lentz, Diplomatische Stifts- und Landeshistorie von Magdeburg und angrenzenden Landen, Cöthen/Dessau 1756, S. 537: „eynen schwartzen fligenden Adler des Richs."
[299] Deutsche Reichstagsakten IV, S. 161, Nr. 145: „daruef ginges des koniges baner und wuempel mit allen herolden und irer gesellschaft mit iren wapen uf daz schonste bereit als die darzuo bescheiden waren."
[300] Zitiert bei Gritzner, Erich, Symbole und Wappen des alten deutschen Reiches, S. 118.

10. Kaiser Sigismund

10.1. Adler und Doppeladler – Symbole und Imaginationen von Kaiser und Reich

Für die Zeit Sigismunds können wir feststellen, dass sich die bisher eher inoffizielle Auffassung, dass dem König ein einfacher und dem Kaiser ein doppelköpfiger Adler zukommt, auch offiziell durchgesetzt hat. Besonders deutlich wird dies in den Siegeln des Herrschers. Sowohl auf dem königlichen Thronsiegel als auch auf den königlichen Sekretsiegeln ist stets der einfache Adler zu sehen.[301] Die einzige Ausnahme bildet ein Siegel, das Sigismund als Reichsvikar für die Jahre 1401 und 1402 ausweist. Dort erscheint der Doppeladler, allerdings – im Gegensatz zu späteren Doppeladlern – ohne Nimbus.[302] Auch hier dient der zweite Kopf des Adlers wohl lediglich als Differenzierung gegenüber dem eigentlich herrschaftlichen Adler des Königs und Kaisers.[303] Sigismund weist sich somit sowohl als kaiserlicher Nachkomme als auch als Bruder des Königs aus, der allerdings zu diesem Zeitpunkt schon keinen Einfluss mehr hatte. Insofern scheint Korn zumindest teilweise Recht zu haben, der in dem Gebrauch des Doppeladlers durch den Reichsvikar, eigentlich „Gegenreichsvikar“ des abgesetzten Bruders, eine gewisse Propaganda für den Anspruch Sigismunds auf den Kaiserthron sieht, wenn schon sein Bruder daran gescheitert ist.[304]

Nach der Kaiserkrönung schließlich taucht auf allen Siegeln, die Sigismund als Kaiser ausweisen, der Doppeladler auf. So geschieht es auf dem Kaisersekret für Ungarn, auf dem ein nimbierter zweiköpfiger Adler zu sehen ist, ebenso – ohne Nimbus - auf dem Majestätssiegel für Ungarn und dessen Revers.[305] Auch auf dem Kaisersekret für das Reich erscheint der Doppeladler mit Heiligenschein.[306] Den Höhepunkt der kaiserlichen Symbolik aber erreicht Sigismund in seinem kaiserlichen Thronsiegel von 1434, das gleich mehrfach den Adler aufweist. Einerseits erscheint der Doppeladler mit Nimbus in einem Schild auf der Vorderseite des Siegels rechts neben dem Kaiser und die Wappen von Alt-Ungarn und Böhmen werden ebenfalls von zwei Adlern, allerdings jeweils einköpfig, getragen.[307] Andererseits füllt der mit

---

[301] Posse, Otto, Die Siegel der deutschen Kaiser und Könige, Bd.2, Taf. 13, Nr. 3 (königliches Thronsiegel); Taf. 13, Nr. 4 (Königssekret); Taf. 14, Nr. 3 (Königssekret für Ungarn).

[302] Ebd., Taf. 13, Nr. 1.

[303] Bleisteiner, Claus D., Der Doppeladler von Kaiser und Reich im Mittelalter, S. 38-39.

[304] Korn, Johannes Enno, Adler und Doppeladler, S. 424.

[305] Posse, Otto, Die Siegel der deutschen Kaiser und Könige, Bd.2, Taf. 14, Nr. 4 (Kaisersekret für Ungarn); Taf. 15, Nr. 1; Taf. 15, Nr. 2 (Majestätssiegel für Ungarn).

[306] Ebd., Taf. 18, Nr. 1.

[307] Ebd., Taf. 17, Nr. 1.

Heiligenscheinen versehene Doppeladler die gesamte Rückseite des Siegels aus.[308] Eindeutig steht hier der doppelköpfige Adler für das Kaisertum. Dies geht auch aus einer Aktennotiz über die Bestellung des Siegels beim Goldschmied Arnold von Bomel hervor, die schon im Jahre 1417 erfolgte. Dort wird über die Gestaltung der Rückseite ausgesagt, dass diese lediglich einen zweiköpfigen Adler enthalten solle: *„sit imperialis aquila habens duo capita.“*[309] Die Bezeichnung *imperialis* weist den Doppeladler als kaiserliches Symbol aus. Offensichtlich hat sich also die inoffizielle Meinung schließlich durchgesetzt und dies scheint von Sigismund auch von Anfang an geplant worden zu sein, wie man an der Aktennotiz erkennen kann. Auch der Ritterspiegel des Johannes Rothe, der zwischen 1412 und 1416 entstand, ordnet dem Kaiser einen doppelten und dem König einen einfachen Adler zu. Allerdings ist unklar, ob das zu dieser Zeit schon die offizielle Zuordnung war oder ob Rothe sich hier auf Konrad von Megenberg bezieht. Schließlich tauchen die ersten Siegel mit Doppeladler, abgesehen vom genannten Vikariatssiegel, welches zur Differenzierung diente, ja erst seit 1433 auf.[310]

Schon lange wird in der Forschung darüber diskutiert, warum Sigismund den Doppeladler als kaiserliches Zeichen wählte und warum er beide Köpfe mit je einem Nimbus versah. Schon bei Friedrich II. finden wir einen nimbierten Adler, dessen Heiligenschein als Zeichen des *sacrum imperium* diente und der Heiligkeit der Papstkirche die Heiligkeit des Reiches gegenüberstellen sollte. Betrachtet man die zahlreichen Deutungsmöglichkeiten für den Doppeladler Sigismunds, so fällt schnell auf, dass dieses Deutungsmuster für die spätmittelalterliche Zeit nicht alleingültig sein kann. Die verschiedenen Ansätze sollen nun erst einmal zusammengetragen werden, bevor ein abschließendes Urteil versucht werden soll. Gritzner sieht den Doppeladler noch lediglich als Zeichen des Kaisers im Gegensatz zum einfachen Adler des Königs, was ja auch nicht von der Hand zu weisen ist. Allerdings sieht er in den Nimben des Adlers nur eine Übernahme des byzantinischen Vorbilds, mit dem Sigismund auf seinen Kriegen gegen die Osmanen und in seinem Briefverkehr mit Byzanz in Berührung gekommen sei.[311] Dies ist als alleinige Begründung nicht haltbar, zumal der Verfasser behauptet, der Nimbus sei von Sigismund überhaupt erst eingeführt worden.

Etwas weiter geht Korn, der zumindest die Siegelumschrift in Sigismunds kaiserlichem Thronsiegel zur Kenntnis nimmt, die einen Hinweis auf die Deutung des nimbierten Adlers geben könnte: *„Aquila Ezechielis/ sponse missa est de celis/ volat ipsa sine meta/ quo nec*

---

[308] Ebd., Taf. 17, Nr. 2.
[309] Zitiert bei Ebd., Textband, S. 47.
[310] Bleisteiner, Claus D., Der Doppeladler von Kaiser und Reich im Mittelalter, S. 45-46.
[311] Gritzner, Erich, Symbole und Wappen des alten deutschen Reiches, S. 109-110, s. a. Korn, Johannes Enno, Adler und Doppeladler, S. 426.

vates nec propheta/ evolavit alcius."[312] Diese Verse stammen leicht verändert aus einem Hymnus auf den Evangelisten Johannes.[313] In diesem Hymnus schickt Christus den Johannes als Adler, welcher der Kirche die geheime Offenbarung aus dem Himmel bringt. Die Zuordnung des Adlers zum Evangelisten Johannes beruht auf einer Vision des Ezechiels (Ez. 1,4-28), dem riesige Flügelwesen mit vier Gesichtern – Mensch, Löwe, Stier und Adler – erschienen. Der Johannes der Offenbarung wiederum hatte eine ähnliche Vision (Apoc. 4,7). Irenaeus von Lyon legte schließlich die Tiere und den Menschen als Symbole für die vier Evangelisten aus. Den Adler erhielt Johannes.[314] Korn allerdings zieht daraus lediglich den Schluss, dass der weltliche Adler des Reiches und der Adler des Johannes im Symbol Sigismunds zusammenfallen. Auch er sieht in den Nimben daher ein Zeichen für die Heiligkeit des Reiches und ein Zeichen für die göttliche Herkunft des kaiserlichen Amtes.[315] Die weitgehendsten Erklärungen für den Gebrauch des nimbierten Doppeladlers durch Sigismund liefert Bettina Pferschy-Maleczek. Ihr Deutungsversuche führen in den Bereich der Visionen, der Alchemie und der Mystik. An visionären Vorstellungen fehlte es am Ende des Mittelalters in der Tat nicht. Oft sehnte man sich nach einem starken Kaiser und nach einer ewigen Friedenszeit, welche die religiösen und politischen Wirren der Zeit ablösen sollte.[316] Im Umkreis des Kaisers, der sich selbst für Visionen und Alchemie interessierte, sind vor allem zwei Werke entstanden, auf die sich die Verfasserin in ihrem Aufsatz konzentriert: „Das Buch der Heiligen Dreifaltigkeit" und der „*Adamas colluctantium aquilarum*". Während letzteres von Winand von Steeg, einem Vertrauten Sigismunds, kurz nach dem Konstanzer Konzil verfasst wurde und von den Kämpfen der Kirche mit ihren Gegnern handelt, welche in diesem Falle besonders die Kleriker, die sich nicht mehr um ihr Amt kümmern, und die Hussiten sind, stellt das „Buch der Heiligen Dreifaltigkeit" (1415-1419) des Minoriten Ulmannus ein schwer verständliches mystisch-alchimistisches Werk dar, welches sich ebenfalls einerseits gegen die Hussiten richtet, andererseits aber als Anleitung zur Herstellung von Gold und Silber gesehen werden kann.[317]

Im „Buch der Heiligen Dreifaltigkeit" tritt der Doppeladler an zentraler Stelle auf, nämlich im Zuge der Marienkrönung. In der Nürnberger Handschrift des Buches wird die Vereinigung der Elemente zum Stein der Weisen illustriert, der die Einheit alles Göttlichen darstellt. Maria

---

[312] Zitiert bei Ebd., S. 425; Abbildung: Posse, Otto, Die Siegel der deutschen Kaiser und Könige, Taf. 17, Nr. 1 und 2.
[313] Mone, Franz Joseph (Hg.), Lateinische Hymnen des Mittelalters, Bd. 3, Freiburg i. Br. 1855, S. 118 f., zitiert bei Korn, Johannes Enno, Adler und Doppeladler, S. 425.
[314] Pferschy – Maleczek, Bettina, Der Nimbus des Doppeladlers. Mystik und Allgorie im Siegelbild Kaiser Sigmunds, in: Zeitschrift für historische Forschung 23 (1996), S. 450.
[315] Korn, Johannes Enno, Adler und Doppeladler, S. 425-426.
[316] Pferschy – Maleczek, Bettina, Der Nimbus des Doppeladlers, S. 451.
[317] Ebd., S. 452-454.

wird auf der Illustration von der Heiligen Dreifaltigkeit gekrönt. Man erkennt die vier Evangelistensymbole an vier Baumstämmen.[318] Dem Johannes ist in einem kleinen Wappen der doppelköpfige Adler zugeordnet, also wieder eine Gleichsetzung des Zeichens von Kaiser und Reich mit dem Adler des Evangelisten. Unter der gekrönten Maria befindet sich ein Wappen, auf dem ein goldener Doppeladler zu sehen ist, auf dem der gekreuzigte Christ liegt, so dass der Adler zusammen mit dem Haupt Christi drei Köpfe hat. Hinter dem Adler steht Maria, welche die Hände ihres gekreuzigten Sohnes festhält. Bezeichnet wird das Wappen als das des Endkaisers Friedrich. Eindeutig ist hier eine Verbindung von geistlicher und weltlicher Sphäre.[319] Der Reichsadler wird symbolisch erhöht durch zwei der heiligsten Personen, welche das Christentum aufweisen kann, Christus und Maria. Gleichzeitig erhält er eine apokalyptische Deutung, indem er auf einen sagenhaften Endkaiser hinweist. Leicht kann hier eine Verbindung zu Sigismund hergestellt werden, der sich vielleicht sogar selbst als Endzeitkaiser sah und seine weltliche Herrschaft geheiligt wissen wollte. So jedenfalls ließen sich auch die Nimben an den Köpfen des Doppeladlers deuten. Dies wiederum würde auch zu der Siegelumschrift passen, die auf den Adler des Johannes hinweist. Da, wie oben festgestellt, das Symbol des Evangelisten Johannes mit dem Symbol für den Johannes der Apokalypse verschmolz, erhält der kaiserliche Adler hier geradezu eine doppelte Heiligkeit als Zeichen der Offenbarung und des Evangeliums.

Auch im *Adamas* spielt der doppelköpfige Adler eine wichtige Rolle, der von Gott gegen die Taube als Symbol der Kirche eingetauscht wird, damit diese besser gegen den Teufel gewappnet ist. Die beiden Köpfe des Adlers an einem Körper dienen als Zeichen der Einheit von weltlicher und geistlicher Gewalt und somit des friedlichen Zusammenwirkens von Kaiser und Papst, wobei der geistlichen Gewalt hier ein Vorrang zukommt, da der Kopf, der den Papst symbolisieren soll, größer ist. Der Doppeladler ist für den Autor daher weniger der Reichsadler als vielmehr ein Symbol für die *ecclesia universalis*.[320]

Der Doppeladler, der somit als Zeichen für die Vereinigung gegensätzlicher Elemente steht, zog dann als kaiserliches Symbol auch die Hoffnungen der Zeit auf sich. So wurde es Kaiser Sigismund von manchen zugetraut, die dringend nötige Kirchenreform erfolgreich durchzuführen und somit zugleich die Endzeit einzuläuten und das neue Jerusalem der Offenbarung wiederzuerrichten.[321] Es ist naheliegend, dass Sigismund selbst diese Anregungen aufgenommen hat und durch den Nimbus der Doppeladler seine Stellung als Mittler zwischen

---

[318] Abbildung in Ebd., S. 457.
[319] Vgl. Ebd., S. 456.
[320] Ebd., S. 461.
[321] Ebd., S. 462.

geistlicher und weltlicher Gewalt und als Retter der einigen Kirche deutlich machte. Vielleicht sah sich Sigismund als von Gott gesandter Adler, der zum Schutz der Kirche gekommen war. Dies wurde auch von den Zeitgenossen teilweise so gesehen. Beispielsweise weist Dietrich Vrie in seiner Geschichte des Konstanzer Konzils, 1417 vollendet, dem König als einzigem die Fähigkeit zu, die Kirche zu reformieren und das neue Jerusalem der Offenbarung zu errichten.[322] Hier richten sich die Hoffnungen auf eine Reform der Kirche ganz auf die Person des Königs. Gleichzeitig wird mit der Kirchenreform eine endzeitliche Vorstellung verbunden. Dazu kommt noch, dass der Krönungseid des Königs auf das Johannes-Evangelium geleistet wurde und eine exegetische Tradition dem Römischen Reich als letztes der vier Weltreiche den Adler (als Johannesadler mit Nimbus versehen) zuweist.[323] Somit ist eine eindeutige Beziehung zwischen dem Reichsadler, dem nimbierten Doppeladler Sigismunds und dem Johannesadler herzustellen. Darauf verweist auch die schon mehrfach genannte Siegelumschrift. Schon anlässlich der Approbation Karls IV. durch Clemens VI. stellt der Papst in einer Predigt den Bezug zwischen Johannes- und Reichsadler her.[324] So kann man erkennen, dass diese Deutungstradition schon seit längerem besteht. Aber nie war sie so verbreitet wie unter Sigismund. Dies mag mit der Unsicherheit der Zeit und der kirchlichen Umstände zusammenhängen, welche die Sehnsucht nach einem Retter beflügelte. Es ist wohl nicht zu viel gesagt, wenn man behauptet, Sigismund habe diese Gedanken bereitwillig aufgenommen und sich selbst ebenfalls zum Retter der Kirche stilisiert.

Dass Sigismund wohl schon früh an diese Vereinigung von weltlicher und geistlicher Sphäre durch seine Person gedacht hat, die später vor allem mit dem Doppeladler zum Ausdruck kommt, zeigt das Sekretsiegel, das der Herrscher schon als König benutzte.[325] Hier ist in Ansätzen das Programm angedeutet, das er als Kaiser ausbaute. Auf diesem Siegel ist ein einköpfiger Adler zu sehen, über dem ein Engel schwebt. Der Engel fasst die oberen Flügelenden mit den Händen. Diese Darstellung erinnert an den Christus im „Buch der Heiligen Dreifaltigkeit", dessen Hände Maria fasst. Dass der Engel den Adler an den Händen fasst und nicht nur segnend über ihm schwebt, deutet auch hier schon auf die Verbindung des geistlichen und weltlichen Bereichs hin.[326]

Diese Verbindung deutet auch Martin Kintzinger in seinem Aufsatz „Zeichen und Imaginationen des Reichs" an, der im Zuge der großen Ausstellung über das Heilige Römische Reich

[322] Zu Dietrich Vrie s. Finke, Heinrich, Forschungen und Quellen zur Geschichte des Konstanzer Konzils, Paderborn 1889, S. 39-51.

[323] Pferschy – Maleczek, Bettina, Der Nimbus des Doppeladlers, S. 461.

[324] Acta regni Karoli IV, Nr. 100 (MGH Const. VIII, S. 143 ff.).

[325] Posse, Otto, Die Siegel der deutschen Kaiser und Könige, Bd. 2, Taf. 13, Nr. 4.

[326] Pferschy – Maleczek, Bettina, Der Nimbus des Doppeladlers, S. 463.

entstanden ist.[327] Weniger auf die Person des Kaiser als vielmehr auf das Reich an sich bezieht er Sigismunds Doppeladler. In der Tat haben wir schon des öfteren festgestellt, dass sich der Adler im Laufe der Zeit mehr und mehr von der Person des Kaisers löste und allmählich zum Symbol des Reiches wurde. Allerdings zeigen die Untersuchungen von Bettina Pferschy-Maleczek einen deutlichen Bezug des Doppeladlers auch auf die Person des Kaisers. Insofern kann man beim Doppeladler von einem Zeichen für Kaiser und Reich, nicht nur für eines von beiden sprechen. Kintzinger weist allerdings deutlich auf den imperialen Anspruchs Sigismunds hin, den dieser angesichts der zahllosen Aufgaben als König, Kaiser und „Kirchenreformer", die er zu erledigen hatte, aber nicht erledigen konnte, versucht, mit Hilfe des Doppeladlers zum Ausdruck zu bringen.[328] Insofern stellt der doppelte Adler so etwas wie eine Vorstellung, ein Bild von Kaiser und Reich, von geistlicher und weltlicher Verschmelzung dar, die in der Wirklichkeit schon lange nicht mehr erreicht werden konnte. Genau das ist aber eine Imagination im eigentlichen Sinne, die Darstellung eines in der Realität nur schwer vorstellbaren Gebildes, wie es das Reich war, durch ein Zeichen, das von jedem verstanden werden konnte, da es auf langer allgemeiner Erfahrung und Wahrnehmung beruhte.[329] Dies war beim Adler der Fall, der ja schon seit Jahrtausenden als Herrschaftssymbol galt und nun auf das Imperium und den Kaiser als dessen Repräsentant übertragen wurde. Auch zur Zeit Sigismunds trat aber nicht nur der Doppeladler auf, sondern wurde neben den einköpfigen Adler gestellt. So geschah es beispielsweise in der „Chronik des Konstanzer Konzils" des Ulrich von Richenthal, die um 1470 verfasst wurde. Hier erscheint der Doppeladler nur über dem Herrscher, wenn er das Reich betreffende Hoheitsakte durchführt, ansonsten steht der einfache.[330] Der zweiköpfige Adler hatte sich als Reichs- und Kaisersymbol also noch nicht vollständig durchgesetzt bzw. konnte von den Illustratoren beliebig mit dem einköpfigen variiert werden, wenn eine bestimmt Absicht ausgedrückt werden sollte.

Ein weiterer Deutungsversuch, der vor allem für die frühe Neuzeit gilt, aber auch schon für Sigismunds Zeiten vertretbar erscheint, ist die Deutung der zwei Köpfe als Zeichen des Dualismus zwischen Kaiser und Ständen und trägt dem Anspruch der Stände Rechnung, das Reich auch ohne den Kaiser zu vertreten.[331] Allerdings ist diese Deutungsmöglichkeit als eher nebensächlich zu betrachten, da sich besagter Dualismus erst allmählich herausbildet. Erst um

[327] Kintzinger, Martin, Zeichen und Imaginationen des Reichs, in: Schneidmüller, Bernd, Weinfurter, Stefan (Hg.), Heilig-Römisch-Deutsch. Das Reich im mittelalterlichen Europa, Dresden 2006, S. 345-371.
[328] Ebd, S. 365.
[329] Ebd., bes. S. 348-352.
[330] Ebd., S. 367.
[331] Ebd., S. 368.

1500 hat sich dann die Darstellung des Reiches als nimbierter Doppeladler mit Kruzifix und den Wappen der Reichsstände auf den Schwingen durchgesetzt.[332]

So oft wir auch schon vom vereinzelten Auftauchen des doppelköpfigen Adlers in früheren Zeiten gehört haben, der Adler Sigismunds mit seinen Nimben ist der Höhepunkt der Entwicklung des Adlers im Mittelalter. Bei keinem anderen Herrscher sind die Deutungsmöglichkeiten dieses Symbols so vielfältig wie bei dem letzten Luxemburger. Hier überschneiden sich, bedingt durch die Situation von Reich, Kaisertum und Kirche, weltliche und geistliche Sphäre, alchimistische, sakrale und imperiale Vorstellungen wie nie zuvor. Auch später wird diese Deutungsvielfalt nicht mehr erreicht. Vielmehr kann man eine Erstarrung des Adlersymbols erkennen, die sich bis zum Ende des Heiligen Römischen Reiches kaum mehr lockern wird.

10.2. Die Fahnen Kaiser Sigismunds

Zu den Fahnen Sigismunds gibt es einige Quellen, die allerdings nur über die kaiserliche Adlerfahne berichten, nicht über die Kreuzfahne. Auch ist hier wiederum von zwei Adlerfahnen die Rede: Die eine wird als königliche Fahne und die andere als Reichsfahne bezeichnet. Als Beispiel soll hier eine Quelle genügen, in welcher der Herrscher im Jahre 1420 dem Erzbischof von Trier den Schutz über die Schlösser der Grafen von Nassau überträgt. Er verfügt darin, dass auf jedem der besetzten Schlösser die königliche Fahne, die Reichsfahne und die Fahne des Erzbischofs aufgepflanzt werden sollen.[333] Wie genau die Adlerfahnen aussahen, ob sie mit einem einfachen oder doppelten Adler versehen waren, ist unklar. Ebenso, worin sie sich unterschieden. Vermutlich war die Reichsfahne größer als die Königsfahne.[334] Was bei Sigismund ebenfalls fehlt, ist die rote bzw. rot-gelbe Fahne, die sowohl bei Heinrich VII. als auch bei Karl IV. als luxemburgische Besonderheit auftritt. Gritzner stellt die These auf, dass diese Fahne für Belehnungen benutzt wurde.[335] Zwar spricht Eigil von Sassen tatsächlich von roten Fahnen für die Belehnungen der Bischöfe von Lüttich und Würzburg und der Herzöge von Jülich-Geldern, Bayern und Lothringen, aber gleichzeitig kommen auch weiße und schwarze Fahnen vor, so dass man wohl nicht von einer einhelligen Benutzung einer roten Fahne sprechen kann.[336] Außerdem ist kaum anzunehmen, dass es in

[332] Ebd., S. 368.
[333] Regesten Sigismunds, Nr. 4075.
[334] Gritzner, Erich, Symbole und Wappen des alten deutschen Reiches, S. 119.
[335] Ebd., S. 119.
[336] Deutsche Reichstagsakten VII, Nr. 167, S. 244-45.

einer Zeit, in der nahezu jedes Territorium schon seine eigenen Abzeichen herausgebildet hatte, einheitliche Lehnsfahnen gegeben habe.

Wie schon weiter oben festgestellt, fehlt neben der roten Fahne auch die Kreuzfahne bei Sigismund. Lediglich die *Reformatio Sigismundi* spricht im 26. Kapitel von einem Kreuz, das vom Kaiser getragen werden und die „Marter Christi" bezeichnen soll.[337] Allerdings ist auch dieses Werk von Mystik und Fantasievorstellungen geprägt, so dass man hier kaum von einer ernsthaften Wiedergabe der Realität sprechen kann. Dass die rot-weiße Kreuzfahne in der Umgebung des Herrschers nicht mehr vorkommt, könnte daran liegen, dass sich der Adler bzw. die Farben Gold und Schwarz, aus denen er verfertigt ist, und die Farben Weiß und Rot als Farben des Reiches auseinanderentwickelt haben. So nehmen während des 14. Jahrhunderts die königlichen Städte neben dem Adler bzw. den Farben Schwarz und Gold immer öfter Rot und Weiß in ihr Wappen und ihre Fahnen auf. Dies trägt einer Entwicklung Rechnung, die vom Selbstverständnis, eine königliche Stadt zu sein, zu demjenigen führte, eine „Reichsstadt" zu sein.[338] Und wie sich die Farbkombination Rot-Weiß allmählich von der Person des Königs und Kaisers zu trennen beginnt und eher das Reich an sich symbolisiert, so tut sie dies auch im Bezug auf die Fahnen. Hier allerdings in einer besonderen Art und Weise: Seit Heinrich VI. war es so, dass die Kreuzfahne vor allem das Reichsheer unter der Führung des Königs oder Kaiser anzeigte. Da aber die rot-weiße Heeresfahne allmählich von den Adlerfahnen des Königs- und des Reiches abgelöst wurde und somit ihre ursprüngliche Bedeutung verlor, wurde sie in ihrer Bedeutung beschränkt und immer mehr als St. Georgs-Fahne der Ritterschaft aufgefasst.[339] Dies war schon im Jahre 1400 der Fall, als die Burgmannen von Friedberg dem neuen König Ruprecht huldigten und die St. Georgs-Fahne und rot-weiße Wimpel wehen ließen.[340] Ähnliches erfahren wir für Sigismunds Zeit aus einem Gedicht des Meistersingers Muskatblut, der die St. Georgs-Fahne und das Adlerzeichen in seinem Aufruf zum Krieg gegen die Hussiten nebeneinander stellt: *„Ritter sent george, ich ruff dich an / wirff auf den Ritterlichen van, O kunyg sygemont... wirf uff den adelaere."*[341]

Der Schluss liegt nahe, dass sich die Kreuzfahne nicht erst unter Sigismund von der Person des Kaisers und von der Funktion als Fahne des Reichsheeres löste, sondern schon in früherer

---

[337] Reformatio Sigismundi, zitiert bei Gritzner, Erich, Symbole und Wappen des alten deutschen Reiches, S. 119-120: „Das Crütz, das mit dem Zaichen (dem Adler) getragen wirt, bezaichnet die hohe Marter Christi."

[338] Schubert, Ernst, König und Reich in der heraldischen Farbensprache, Exkurs VI, in: Kaiser und Reich. Studien zur spätmittelaterlichen deutschen Verfassungsgeschichte, Göttingen 1979, S. 363.

[339] Ebd., S. 363.

[340] Deutsche Reichstagsakten IV, Nr. 161,12, S. 184: „item daselbes die burgmann hienequamen wole siebenzig odir achczieg mit gleiven, und zereten da, und rieden da konig Rueprechten engen biß gein Heldebergen, und hatten sante Georgen banere zuer burge da ufgeworfen und an allen gleiven wimpelchin roid und wiß uf ire siten."

[341] Kiepe-Wilms, Eva (Hg.), Gedichte 1300-1500, S. 220 f.

Zeit, wo die Quellen schon fast ausschließlich von Adlerfahnen und nicht mehr von der Kreuzfahne sprechen. Der Adler hatte inzwischen das Kreuz als Symbol für das Reich verdrängt, er wurde unmissverständlich als Zeichen für Kaiser und Reich gedeutet. Lediglich eine Gruppe der Repräsentanten des Reiches, die Reichsritterschaft, hatte die Fahne noch im Gebrauch und sahen sie nun als ihre eigene an. Dies war nicht verwunderlich, da die Ritter seit jeher im Heer des Reiches kämpften, nun wurde die Fahne aber zu ihrer eigenen. Sie war damit vom Reich nicht vollständig gelöst, sie repräsentierte es nur nicht mehr als ganzes.

11. Friedrich III. – Erstarrung der heraldischen Normen

Albrecht II. führte als König nur den einfachen Adler in seinen Siegeln, Friedrich III. nahm den alten Brauch wieder auf und benutzte auf königlichen Siegeln den einfachen Adler, auf kaiserlichen den doppelten.[342] Viel Neues erfahren wir also nicht über den Gebrauch des Adlers. In den meisten Fällen erhalten die Köpfe des Doppeladlers auch einen Nimbus. Die Gewohnheiten Kaiser Sigismunds scheinen sich also auch bei dessen Nachfolgern zu wiederholen.

Den einfach Königsadler sehen wir auch, zusammen mit der geheimnisumwitterten Devise „a.e.i.o.u.“, in der Handregistratur Friedrichs von 1446, die einen einfachen linksgerichteten schwarzen Adler zeigt, der die römische Königskrone trägt.[343]

Für die Zeit Friedrichs III. besonders interessant sind die Darstellungen des kaiserlichen und königlichen Wappens sowie des Reichswappens in den jetzt vermehrt auftauchenden Wappenhandschriften. Im „Redinghoven'schen Wappenbuch“ aus der ersten Hälfte des 15. Jahrhunderts wird dem Kaiser, wie es Brauch geworden ist, ein goldener Schild mit schwarzem Doppeladler zugeteilt, der römische König erhält einen schwarzen, einköpfigen Adler.[344] Die Nimben fehlen allerdings bei dieser Darstellung. Etwas aus dem Rahmen fällt das „Stuttgarter Wappenbuch“, das dem Reich entgegen der Gewohnheit lediglich einen einköpfigen Adler, dafür aber mit Heiligenschein zuweist. Die ergiebigste Darstellung der Wappen gibt uns die Wappenrolle des Konrad Grünenberg, die zwischen 1484 und 1496 entstanden ist und somit wahrscheinlich noch in die Regierungszeit Friedrichs III. fällt.[345] Blatt 1 der Wappenrolle zeigt den thronenden Kaiser. Zu seinen Füßen findet man den schwarzen nimbierten Doppel-

---

342 Beispiele für den einfachen Adler s. Posse, Otto, Die Siegel der deutschen Kaiser und Könige, Bd. 2, Tafel 23, Nr. 1 und 2; Tafel 24, Nr. 1, 5 und 6; Beispiele für den doppelköpfigen Adler s. Posse, Bd. 2, Tafel 25, Nr. 1 und 2; Tafel 26, Nr. 2, 4, 5, 6, 7 und 8; Tafel 27, Nr. 1.

343 Farbige Abbildung in: Ströhl, Hugo Gerhard, Heraldischer Atlas, Stuttgart 1899, Taf. 28, Nr. 1.

344 Gritzner, Erich, Symbole und Wappen des alten deutschen Reiches, S. 111.

345 Des Conrad Grünenberg, Ritters und Burgers zu Costenz, Wappenpuch, Bd. 1, Görlitz 1884.

adler auf einem gelben (goldenen) Schild. Dies ist der konventionelle Kaiser- und Reichsadler, den auch Sigismund schon verwendete. Der gleiche Adler erscheint auf Blatt 3b zusammen mit dem Wappen des Römischen Königs, welches den einfachen Adler zeigt, ebenfalls mit Heiligenschein. Auch dies entspricht weitgehend der Konvention. Warum dies schon das zweite Beispiel ist, bei dem auch der einköpfige Adler einen Nimbus trägt, ist nicht zu klären. Vielleicht wurde auch dem König eine gewissen Sakralität zugestanden, nicht nur Kaiser und Reich. Leider erfahren wir darüber nichts. Interessant und ungewöhnlich ist das dritte Wappen auf Blatt 3b: Hier findet man einen dreiköpfigen schwarzen Adler, ebenfalls mit Nimben versehen. Hier gibt Konrad auch eine Erklärung dazu: Der Kaiser, der das Reich durch Hinzugewinn weiterer Königreiche vermehrt, soll einen dreiköpfigen Adler führen.[346] Ein weiterer dreiköpfiger Adler ist auf Blatt 2b abgebildet. Dieses Mal aber sind die Farben vertauscht: Es ist ein gelber Adler auf schwarzem Schild mit Heiligenscheinen. Auch hierzu macht Konrad Angaben: Derjenige Kaiser, der es schafft, das Heilige Grab und Jerusalem wiederzuerobern, der soll als Zeichen der Freude und des Sieges den dreiköpfigen, goldenen Adler führen.[347] Die beiden letztgenannten Wappen entspringen zwar der Fantasie Konrads, letzteres von beiden entspricht wohl einem gewissen Wunschtraum des Verfassers, der gerade aus dem Heiligen Land zurückgekehrt ist.[348] Dennoch finden wir in Konrads Wappenbuch auch den konventionellen Königs- und Kaiseradler.

Eine weitere interessante Deutungsmöglichkeit des Doppeladlers erfahren wir aus der *Historia Friderici III Imperatoris* des Enea Silvio Piccolomini, auch bekannt als Papst Pius II. Er hält die zwei Köpfe des Adlers für die beiden Reichsteile des alten Römischen Reiches, das Oströmische und das Weströmische Reich.[349] Die kritischen Töne Pius' II. weisen darauf hin, dass es ihm lieber gewesen wäre, wenn man die Einheit des Römischen Reiches durch einen einköpfigen Adler ausgedrückt hätte. Solche Gedanken waren zu dieser Zeit unter dem Eindruck der Verlustes von Byzanz wahrscheinlich weit verbreitet. Einen Anklang daran finden wir wohl auch in den Bemerkungen Konrads zu den dreiköpfigen Adlern. Es ist eine gewisse Sehnsucht nach der Rückeroberung des Heiligen Landes und des Byzantinischen Reiches zu erkennen.

In den Wappenbüchern sahen wir das Wappen meistens auf die Person des Königs oder Kaisers bezogen. Aber es war zu der Zeit auch schon üblich, das Wappen mit dem Doppelad-

---

[346] Zitat bei Gritzner, Symbole und Wappen des alten deutschen Reiches, S. 112; Korn, Johannes Enno, Adler und Doppeladler, S. 427.

[347] Zitat ebd., S. 427 und bei Gritzner, Symbole und Wappen des alten deutschen Reiches, S. 112.

[348] Ebd., S. 112, Anm. 3).

[349] Zitat bei Korn, Johannes Enno, Adler und Doppeladler, S. 427. → Bz 88

ler losgelöst von bestimmten Personen als „das Reich" zu bezeichnen.[350] Hier ist schon eine Stufe der Abstraktion erreicht, die das Reich als eigenständige Größe betrachtet. Der Doppeladler verlässt allmählich den personalen Bezug, den er bei Sigismund noch fast durchgehend hatte und wird zur abstrakten und vereinfachenden Darstellung des komplizierten Heiligen Römischen Reiches, dessen Strukturen schwer zu durchschauen waren. Der zweiköpfige Adler versucht, die vielen unvereinbaren Gegensätze im Reich, den stärker werdenden Dualismus von Kaiser und Ständen in einem einheitlichen Bild wiederzugeben. Er demonstriert Einheit und Einfachheit da, wo sie nicht vorhanden ist, aber vorhanden sein sollte. Auch hier greift der Begriff der Imagination gut, der allerdings immer abstrakter zu werden scheint. Ähnliches versuchte man auch mit dem System der Quaternionen zu erreichen. Darauf soll aber hier aus Platzgründen nicht weiter eingegangen werden.

Etwas Unordnung herrscht bei den Angaben der Quellen über den Fahnengebrauch Friedrichs III. Zuerst sprechen die Quellen bei der Kaiserkrönung im Jahre 1452 von den verwendeten Fahnen. Es gibt hier allerdings verschiedene unklare und widersprüchliche Aussagen. In der Augsburger Chronik berichtet Caspar Enenkels darüber, dass man das Panier des Reiches aufgesteckt habe, aber gleichzeitig auch die Königsfahne, also den schwarzen einfachen Adler auf goldenem Grund.[351] Später berichtet derselbe Chronist, dass nach der Kaiserkrönung das goldene Reichspanier mit einem schwarzen Doppeladler wehte, welches der Papst dem Kaiser gegeben hatte, damit dieser die Christenheit beschütze. Auf den Köpfen der Adler seien Diademe angebracht gewesen. Allerdings geht aus dieser Quelle nicht hervor, welche Fahnen nun zu Beginn getragen wurden. Mit dem Panier des Reiches, das Enenkels zusammen mit der schwarzen Königsfahne nennt, könnte auch schon die Fahne mit dem Doppeladler gemeint gewesen sein. Aber warum wird dann später berichtet, dass diese erst nach der Kaiserkrönung geweht habe? Vielleicht wurde sie dem Papst vor der Krönung übergeben, damit dieser sie dann als Zeichen der Kaiserwürde und als Zeichen der Herrschaft über das Reich an den Herrscher zurückgab. Somit wären beim Einzug in Rom schon die Kaiser- bzw. Reichsfahne und die Königsfahne getragen worden. Dem widerspricht allerdings eine andere Quelle, die berichtet, dass man nur unter dem Reichspanier in Rom eingezogen sei, nachdem Friedrich befohlen habe, alle anderen Fahnen, so vor allem auch die schon oben erwähnte St. Georgs-Fahne, die vor allem von der schwäbischen Ritterschaft vom St. Jörgen-Schild geführt

---

[350] Die Chroniken der deutschen Städte, Bd. 22, Augsburg 3, S. 237: „also het man ain kostlichen weiten himel gemacht, darinn das reich gemalt, mit vergulten stangen."

[351] Die Chroniken der deutschen Städte, Bd. 22, Augsburg 3, S. 315: „do warf man des hailigen römischen reichs paner auf und den adler mit ainem haupt in ainem kostlichen guldin tuoch, an ainer gulden stang hat mans fliegen lassen."

wurde, sinken zu lassen.[352] Aber auch hier sind die Angaben widersprüchlich: Der Verfasser spricht zuerst von des „*kuniges Banier*“ und dann von „*des Riches banner*“. Vom Aussehen der Fahne sagt er nichts. Man muss hier wohl vermuten, dass der Autor nur eine Fahne gemeint hat. Dies widerspräche allerdings der Angabe des Enenkels, es sei denn, auch dieser meinte nur eine einzige Fahne. Dann wäre das „und“ im oben zitierten Satz kein „und“, welches das Nebeneinander zweier Fahne beschreibt, sondern lediglich ein „und“, das auf eine folgende nähere Beschreibung hinweist. Sicher ist dies aber nicht. Wieder anders schildert es Pius II., der behauptet, das St. Georgs-Banner neben dem Adler gesehen zu haben.[353] Allerdings weiß man nicht, wann genau der Papst die beiden Banner nebeneinander gesehen hat. Vielleicht war es zu einem Zeitpunkt, als die anderen Fahnen noch nicht abgelegt worden waren. Insofern wäre doch wieder die These vertretbar, dass es sich im Endeffekt um eine einzige Fahne gehandelt hat. Allerdings ist dies wieder ungewöhnlich, da man bei den Vorgängern Friedrichs stets zwei Adlerfahnen beobachtet hat. Es wäre möglich, in der abgewandelten Praxis eine Änderung durch den Habsburger zu sehen. Gesichert ist dies aber nicht.
Aufschluss über den Fahnengebrauch späterer Zeiten gibt uns eine Quelle, die berichtet, der Kaiser habe als „*des Richs Houptbaner*“ eine Fahne mit dem schwarzen Doppeladler auf goldenem Grund aufrollen lassen.[354] Offenbar scheint also diese Fahne als Hauptfahne mitgeführt worden zu sein. Diese scheint aber nicht das einzige Banner gewesen zu sein. Aus der Korrespondenz des Kurfürsten Albrecht Achilles an den Kaiser erfahren wir, dass es zwei Reichsbanner gegeben haben muss, von denen eines kleiner war als das andere.[355] Das kleinere zeigte wohl nur einen einfachen Adler. Damit hätte wir wieder zwei Fahnen wie bei Friedrichs Vorgängern: eine kleinere und eine größere Adlerfahne. Auf der größeren war allerdings jetzt ein Doppeladler abgebildet. Ob dies in früheren Zeiten auch schon so war, ist nicht nachzuweisen. Vielleicht wurde die kleinere Fahne in Abwesenheit des Königs als Hauptfahne benutzt.[356] Da diese Fahne auch als „*Rennefenlin*“, also als Rennfahne, bezeichnet wurde[357], liegt der Schluss nahe, dass es sich dabei um die schon zu Ludwigs des Bayern Zeiten verwandte Rennfahne handelt. Allerdings kann dies nicht geklärt werden, da die Quellen fehlen.

---

[352] Wencker, Collectanea, Teil 3, S. 19: „do der Kunige des morgens vor Rome hielt do det er allem her gebieten und sagen dass sie alle Venlin abtun sollten und alleine des Kunigs Banier solt offen sin.“
[353] Zitiert bei Schubert, Ernst, König und Reich in der heraldischen Farbensprache, S. 364.
[354] Wencker, Collectanea, Teil 3, S. 32: „Denselben tag ließ die Kayserlich Mayestaet fliegen des Richs houptbaner ist eni groß guldin feldt und dar In ein adeler mit zweygen koeppfen.“
[355] Priebatsch, Felix (Hg.), Politische Correspondenz des Kurfürsten Albrecht Achilles, Bd. 2 (1475-1480), Leipzig 1897, S. 118-119, Anm. 2: „[...] und nachdem ich verstanden han, das e.g. des reichs paner zway hab, das mir e.g. auß denselben zway panern das cleinere schick.“
[356] Gritzner, Erich, Symbole und Wappen des alten deutschen Reiches, S. 124.
[357] Ebd., S. 124.

Seltsam muten dagegen einige Textstellen an, die dem Reich als Zeichen immer noch die Kreuzfahne zuschreiben. So sollte sich das kaiserliche Heer zum Türkenzug 1454 unter den „*Bannern des heyligen krewtzes des Reichs*“ versammeln.[358] Diese Bestimmung wurde aus dem Regensburger Reichstagsschluss von 1454 übernommen, wo es heißt: „*sub vexillo crucis et imperii*“.[359] Da sonst nirgendwo von einer solchen Fahne die Rede ist, liegt es nahe, dass für diese Gelegenheit eine Art „Kreuzzugsvokabular“ gebraucht wurde. Schließlich ging es gegen die muslimischen Türken. Ob es allein für diesen Zweck tatsächlich eine Kreuzfahne gab oder dieser Ausdruck nur im übertragenen Sinne gebraucht wurde, ist schwierig nachzuweisen. Offenbar hatte sich aber im Bewusstsein einiger die rot-weiße Fahne als Reichsfahne erhalten.[360]

[358] Zitiert bei Schubert, Ernst, König und Reich in der heraldischen Farbensprache, S. 364.
[359] Deutsche Reichstagsakten XIX, 1, Nr. 38,1, S. 310: „[...] et quod iste exercitus militet sub uno capitaneo sub vexillo crucis et imperii.“
[360] Vgl. Schubert, Ernst, König und Reich in der heraldischen Farbensprache, S. 364.

12. Zusammenfassung

Nachdem nun eine Darstellung und Analyse der Adler und Fahnen im Umfeld der Herrscher des Heiligen Römischen Reiches erfolgt ist, soll nun eine abschließende Zusammenfassung und Bewertung der gemachten Beobachtungen versucht werden.

Spätestens im Verlaufe des frühen Hochmittelalters begann der Gebrauch von Adlerzeichen und Fahnen zu bestimmten Zwecken. Zunächst bedienten sich die Herrscher konkreter individueller Zeichen, es gab bis zur Stauferzeit keine allgemeinverbindliche Gestaltung und Handhabungsweise der Adler und Fahnen. Dies kann man daran sehen, dass die Hinweise auf die Farben der königlichen Fahnen und Feldzeichen oft widersprüchlich und unterschiedlich ausfallen. So tauchen bis in die Zeit Friedrichs I. goldene, rote, farblose und hellrote Fahnen auf. In ottonischer Zeit ist sogar von einem Engel auf der Fahne die Rede. Auch die Gestalt und Verwendungsweise des Adlers variiert stark von Herrscher zu Herrscher. Adler erscheinen als plastische Figuren auf Fahnenstangen, Zeptern oder Kugeln. Trotz dieser Vielfalt kann jedoch eine Gemeinsamkeit ausfindig machen: Es wurden, zumindest, wenn man nach den vorhandenen Quellen urteilt, wohl ausschließlich plastische Adler verwendet. Auf etwaige Adlerbilder auf Fahnen gibt es nur sehr wenige, meist nicht eindeutige Hinweise. Vermutlich dienten die römischen Legionsadler und die Zepter der römischen Kaiser als Vorbild für jene plastischen Figuren. Die Herrscher des Mittelalters konnten sich als Nachfolger der antiken römischen Herrscher sehr gut mit dem Adler als Herrschaftszeichen identifizieren. Daher blieb es auch während des gesamten Mittelalters das unbestrittene Zeichen der Kaiser und Könige. Da der Adler als Zeichen des Evangelisten Johannes außerdem auch ein christliches Symbol war, gelang diese Identifizierung umso leichter, auch wenn der Adler bei den geistlichen Würdenträgern teilweise als heidnisches Zeichen verpönt war.

Das Kreuzsymbol aber, welches in früherer Zeit eher von den Päpsten und den Gegnern des Kaisers geführt worden war, entwickelte sich durch den Einfluss der Kreuzzüge im Laufe der staufischen Zeit zum Symbol für das Reichsheer und das Reich auf einer Fahne, welche anfangs unter Heinrich VI. noch farblos gewesen zu sein scheint, welcher aber allmählich die Farbe Rot, wobei das Kreuz weiß dargestellt wurde, zugeschrieben wurde. Seitdem entwickelten sich diese rot-weiße Kreuzfahne und der Adler parallel zueinander. Letzterer verlor mit der Zeit sein plastisches Aussehen und wurde, spätestens unter Heinrich VI., mehr und mehr bildlich auf Fahnen und Satteldecken dargestellt, wenn auch Adlerfiguren, wie unter Friedrich II. sichtbar, noch nicht außer Gebrauch waren. Überhaupt erlebte der Adler unter dem letzten staufischen Kaiser eine Blütezeit, tauchte vermehrt in Siegeln und Münzen auf und sogar auf dem Krönungsornat. Der Heiligenschein, den er erhielt, verdeutlichte die staufische Vorstellung vom *sacrum imperium*, das dem Papsttum gegenüber gestellt wurde. Hier war schon der Weg hin zur abstrakten Verwendungsweise des Adlers als Symbol für das Reich und den Kaiser vorbereitet. Die Heraldik hatte seit Heinrich VI. angefangen in das Imperium durchzudringen, vollendet war diese Entwicklung aber noch nicht. Erst nach der nahezu „zeichenlosen“ Zeit des Interregnums war die parallele heraldische Gestaltungsweise von Adler und Kreuzfahne voll entwickelt, so vor allem unter Rudolf von Habsburg, bei dem in den Quellen im Grunde genommen zum ersten Mal von der parallelen Anwendung der beiden Symbole die Rede ist. Mittlerweile war der Adler, vor allem im Kampf, eindeutig zum Zeichen des Königs geworden, die rot-weiße Kreuzfahne symbolisierte Reich und Reichsheer.

Während der Adler auch weiterhin das Symbol des Herrschers blieb, sind die weiteren Zeichen im Umfeld des Herrschers auch fortan einem Wandel unterworfen. Unter Heinrich VII. beispielsweise entdecken wir in der Handschrift zu seiner Romfahrt eine rot-gelbe Fahne, die, je nach Anbringung am Schaft, die friedliche oder feindliche Gesinnung des Reichsheeres anzeigt. Diese Fahne, die sehr wahrscheinlich einen Sonderweg der Luxemburger darstellt, ist wohl der französischen *Oriflamme* nachempfunden und taucht dann wieder bei Karl IV. auf, während sie bei Sigismund seltsamerweise wieder verschwindet, zumindest aber nicht erwähnt wird.

Unter der Herrschaft Ludwigs des Bayern taucht außer dem Adler gar kein anderes Zeichen auf, allerdings gibt es jetzt wahrscheinlich mindestens zwei Adlerfahnen: Eine davon wird im Beisein des Kaisers selbst geführt, die andere, die sogenannte Sturmfahne des Reiches, welche wohl ebenfalls einen Adler zeigte, wird zusammen mit dem Lehen Markgröningen an den *signifer* des Reiches verliehen. Welche Funktion diese Fahnen hatte, ist nicht ganz klar. Vermutlich wurde sie entweder nur in Abwesenheit des Königs vom Reichsheer geführt oder übernahm einfach die Funktion der Kreuzfahne. Bezüglich des Adlers auf Siegeln und Münzen des Herrschers sowie anderer Vertreter des Reiches hatte dieser zu Ludwigs Zeiten schon ein erhebliches Abstraktionsniveau erreicht. Oft scheint es so, als wäre der Adler ausschließlich das Siegelbild des Reiches und der Herrscher sei lediglich dessen ausführender Beamter. Der Adler kann daher ohne Zweifel als Reichswappen bezeichnet werden.

Aufgrund der starken Persönlichkeit Karls IV. wird das Adlerzeichen wieder mehr auf die Person des Kaiser selbst bezogen, auch wenn man deutlich sehen kann, dass die Hausmacht, wie schon bei Ludwig dem Bayern, als Herrschaftsbasis in den Vordergrund rückt. Besonders interessant ist das Begräbnis des Kaisers, als drei Fahnen, die für uns von Bedeutung sind, im Zug mitgeführt werden. Hier erscheint wieder die „luxemburgische Dynastiefahne“, wobei unklar ist, ob sie das gleiche Aussehen hatte wie unter Heinrich VII. Daneben wird interessanterweise wieder die rot-weiße Kreuzfahne erwähnt, obwohl diese bei Karls Vorgängern nicht aufgetaucht war. Sie wird als Reichsfahne bezeichnet. Sie scheint also nicht in Vergessenheit geraten zu sein und war vielleicht unter Karl IV. wieder eingeführt worden. Weiterhin wird im Zug die Rennfahne des Reiches, wohl die Markgröninger Sturmfahne, mitgeführt. Von einer weiteren Adlerfahne, wie sie wahrscheinlich unter Heinrich VII. und Ludwig dem Bayern vorkam, ist nicht die Rede. Über die mangelnde Kontinuität im Fahnengebrauch ist sicher nicht das letzte Wort gesprochen worden. Hier müsste durch das Heranziehen weiterer noch unbekannter Quellen Klarheit geschaffen werden. Allerdings gestaltet sich dies durch die teilweise sehr verstreuten Belege schwierig. Man könnte meinen, die Verfasser von Quellen legten nicht viel wert auf Verwendungsweise und Aussehen der kaiserlichen Fahnen. Vermutlich musste dies den Zeitgenossen auch nicht weiter erklärt werden, da man die Realität und somit gewisse Konventionen kannte, die uns heute nicht mehr ohne Weiteres zugänglich sind.

Wenig Neues erfahren wir über die herrschaftlichen Zeichen bei Wenzel und Ruprecht bis dann unter Sigismund ein Symbol die führende Rolle übernimmt, das bis jetzt fast ausschließlich als Differenzierungsmerkmal genutzt worden ist: der Doppeladler. Außerhalb des Reiches hatte sich schon seit längerem die Vorstellung durchgesetzt, dass dem römischen König der einfache Adler, dem römischen Kaiser der Doppeladler zukomme. Genau dies drang zu Sigismunds Zeiten auch ins Imperium vor. Als Kaiser siegelte Sigismund ausschließlich mit dem Doppeladler, der mit Heiligenscheinen versehen war. Diesmal ging aber die Bedeutung dieser Nimben über das Symbol für das *sacrum imperium* hinaus. Hier spielten mystische und alchimistische Vorstellungen eine Rolle, aber auch das Selbstverständnis des Kaisers, der sich in den Wirren der Zeit als von Gott gesandter Retter der kirchlichen Einheit sah und von den Zeitgenossen durchaus so wahrgenommen wurde. Gleichzeitig diente der Doppeladler Sigismunds als abstrakte Darstellung, als Imagination des Reiches, welche die erwähnten verschiedenen Assoziationen auf politischem, mystischen und sakralem Gebiet hervorrief. Durch die vorgespiegelte Vereinigung der Gegensätze anhand zweier Köpfe an einem einzigen Leib konnte der Doppeladler die Einheit des Reiches trotz dessen undurchsichtiger, verwirrender und widersprüchlicher Struktur suggerieren. Der Nimbus verband die geistliche und weltliche Sphäre von Kaiser und Reich. Diese Vorstellungen wurden, beispielsweise durch das Schema der Quaternionen, noch weiter ausgebaut, womit sich diese Arbeit aber nicht beschäftigen kann. Was die Fahnen Sigismunds anbelangt, so erscheinen im direkten Umfeld des Kaiser ausschließlich Adlerfahnen, vermutlich ebenfalls mit dem Doppeladler. Die Kreuzfahne taucht nicht mehr als Fahne des Reiches oder des Reichsheeres auf, zu sehr war sie vom Symbol des Adlers verdrängt worden. Sie war stattdessen als St. Georgs-Fahne auf die Reichsritterschaft übergegangen und zwar vor allem auf die schwäbische Rittervereinigung zum St. Jörgen-Schild. Die Kreuzfahne war also in ihrem Gebrauch stark eingeschränkt worden und galt offiziell nicht mehr als Fahne des Reiches. Friedrich III. hatte dann den Gepflogenheiten Sigismunds nichts Originelles mehr hinzuzufügen. Allerdings hatte sich das Abstraktionsniveau inzwischen soweit fortgebildet, dass der Doppeladler nun nahezu losgelöst von der Person des Kaisers das Reich symbolisieren konnte, während es unter Sigismund noch mehr an den Herrscher selbst gebunden war.

Deutlich wurde im Laufe dieser Arbeit die wachsende Abstraktion vom anfangs konkreten und individuell gestaltbaren Zeichen des Herrschers hin zum eigentlich Wappen, zur abstrakten und allgemein erkennbaren Darstellung von Herrschaft. War zu Beginn der hochmittelalterlichen Geschichte die Fahne selbst das Herrschaftszeichen, losgelöst von deren Aussehen, so genügte in späterer Zeit eine einfache bildliche Darstellung als Zeichen für herrschaftliche Rechte und Zugehörigkeiten. Dabei löst sich das Adlerzeichen allmählich von Personen und steht überpersonal für das Reich. Dieser Prozess scheint aber erst am Ende des Mittelalters beendet worden zu sein.

Trotz der oben genannten Schwierigkeiten ist es weitgehend gelungen, das Aussehen und den Gebrauch der von den Königen und Kaisern des Imperium benutzten Adler und Fahnen zu rekonstruieren. Was aufgrund des begrenzten Rahmens der Arbeit leider nicht möglich war, ist, die Zeichen noch mehr in die rituellen und rechtlichen Gepflogenheiten der Herrscher mit einzubeziehen. So könnte zum Beispiel die Belehnung mittels Fahnen, die leider nur am Rande erwähnt werden konnte, bei der Darstellung noch berücksichtigt werden.

13. Quellen- und Literaturverzeichnis

a) Quellen:

1. Acta imperii inedita, hg. von E. Winkelmann, Bd. 1, Innsbruck 1880, Neudruck Aalen 1964.

2. Acta regni Karoli IV, ed. K. Zeumer et R. Salomon, Hannoverae 1910 (MGH Const. VIII).

3. Amatus Casinensis, Ystoire de li Normant, ed. O. Delarc, Rouen 1892.

4. Annales Pegavienses, ed. G. H. Pertz, Hannoverae 1859 (MGH SS XVI).

5. Annales Placentini Gibellini, ed. G.H. Pertz, Hannoverae 1863 (MGH SS XVIII).

6. Annales regni Francorum inde ab a. 741 usque ad a. 829, qui dicuntur Annales Laurissenses maiores et Einhardi, ed. G.H. Pertz, recogn. Fridericus Kurze, Hannoverae 1895 (MGH SS rer. Germ. VI).

7. Annales Sancti Rudberti Salisburgenses, ed. W. Wattenbach, Hannoverae 1851 (MGH SS IX).

8. Benzonis episcopi Albensis ad Heinricum IV. imp. libri VII, ed. K. Pertz, Hannoverae 1854 (MGH SS XI).

9. Carmen de bello Saxonico, ed. Oswald Holder-Egger, Hannoverae 1889 (MGH SS rer. Germ. XVII).

10. Chronica monasterii Casinensis, ed. G. H. Pertz, Hannoverae 1846 (MGH SS VII).

11. Continuatio Vindobonensis, ed. W. Wattenbach, Hannoverae 1851 (MGH SS IX).

12. Cosmae chronica Boemorum, ed. D. Rudolfo Köpke, Hannover 1851 (MGH SS IX).

13. Das Rolandslied des Pfaffen Konrad, hg. von Dieter Kartschoke, Frankfurt/M 1970.

14. Davidson, Robert, Forschungen zur Geschichte von Florenz, Teil 2: Aus den Stadtbüchern und Urkunden von San Gimignano (13. und 14. Jahrhundert), Berlin 1900.

15. Des Conrad Grünenberg, Ritters und Burgers zu Costenz, Wappenpuch, Bd. 1, Görlitz 1884.

16. Deutsche Reichstagsakten IV, hg. von J. Weizsäcker, Göttingen 1956.

17. Deutsche Reichstagsakten VII, hg. von D. Keuler, München 1878.

18. Deutsche Reichstagsakten XIX, 1, hg. Von H. Weigel und H. Grüneisen, Göttingen 1969.

19. Die Chroniken der deutschen Städte vom 14. bis ins 16. Jahrhundert, Bd. 4, Augsburg 1, Leipzig 1865.

20. Die Chroniken der deutschen Städte von 14. bist ins 16. Jahrhundert, Bd. 22, Augsburg 3, Stuttgart [2]1965.

21. Die Chronik des Bischofs Thietmar von Merseburg und ihre Korveier Überarbeitung, hg. von Robert Holtzmann, Berlin 1935 (MGH SS rer. Germ. N.S. IX).

22. Die Urkunden der deutschen Könige und Kaiser, Die Urkunden Otto des II., Hannover 1888 (MGH DD O II).

23. Die Werke des Konrad von Megenberg, Ökonomik, hg. von Sabine Krüger, Suttgart 1973 (MGH Staatsschriften III, 2).

24. Donizonis vita Mathildis, ed. L. Bethmann, Hannoverae 1856 (MGH SS XII).

25. Dritte Bairische Fortsetzung der Sächsischen Weltchronik, hg. von L. Weiland, Hannover 1877 (MGH Dt. Chron. 2).

26. Epistolae saeculi XIII e regestis Pontificum Romanorum selectae, ed. C. Rodenberg, Berolini 1883 (MGH Epp. Saec. XIII, 1).

27. Ex Gestis Henrici II. Et Ricardi I., ed. F. Liebermann et R. Pauli, Hannoverae 1885 (MGH SS XXVII).

28. Ex Primati Chronicis et Guillelmi Gestis Ludovici IX., ed. H. Brosien, Hannoverae 1882 (MGH SS XXVI).

29. Ex Radulfi de Diceto Ymaginibus Historiarum, ed. F. Liebermann et R. Pauli, Hannoverae 1885 (MGH SS XXVII).

30. Ex Willelmi Brittonis Philipide, ed. A. Molinier, A. Pannenborg, G. Waitz, Hannoverae 1882 (MGH SS XXVI).

31. Finke, Heinrich, Forschungen und Quellen zur Geschichte des Konstanzer Konzils, Paderborn 1889.

32. Fontes rerum germanicarum I, hg. von Joh. Friedrich Boehmer, Aalen 1969.

33. Friederici I. Constitutiones, ed. L. Weiland, Hannoverae 1893 (MGH Const. I).

34. Gunther der Dichter, Ligurinus, hg. von Erwin Assmann, Hannover 1987 (MGH SS rer. Germ. LXIII).

35. Gotifredi Viterbiensis Gesta Frederici, ed. G. Waitz, Hannoverae 1872 (MGH SS XXII).

36. Glossen zum Sachsenspiegel – Landrecht. Buch'sche Glosse, Teil 3, Hannover 2002 (MGH Fontes iuris N.S. VII).

37. Historia Augusta Albertini Mussati de Gestis Henrici VII. Caesaris, in: Muratori scriptores rerum Italicarum X, Mailand 1727.

38. Mosomensis monasterii, ed. W. Wattenbach, Hannoverae 1888 (MGH SS XIV).

39. Historia rerum in Italia gestarum, in: Muratori scriptores rerum Italicarum IX, Mailand 1726.

40. Johann von Würzburg, Wilhelm von Österreich, hg. von Ernst Regel, Berlin 1905.

41. Kiepe-Willms, Eva (Hg.), Gedichte 1300-1500, München 1972.

42. Kull, Johann V., Die Münzen, Medaillen und Siegel Kaiser Ludwig IV des Bayern, München 1887.

43. Landulfi de Sancto Paulo historia Mediolanensis, Hannoverae 1868 (MGH SS XX).

44. Magni presbyteri annales Reicherspergenses, ed. W. Wattenbach, Hannoverae 1861 (MGH SS XVII).

45. Mone, Franz Joseph (Hg.), Lateinische Hymnen des Mittelalters, Bd. 3, Freiburg i. Br. 1855.

46. Ottokars Österreichische Reimchronik, hg. von Joseph Seemüller, Hannover 1890 (MGH Dt. Chron. V,1).

47. Otto Morena, ed. Ph. Jaffé, Hannoverae 1863 (MGH SS XVIII).

48. Petrus, Liber ad honorem Augusti sive de rebus Siculis (Codex 120 II der Bugerbibliothek Bern). Eine Bilderchronik der Stauferzeit, Sigmaringen 1994.

49. Posse, Otto (Hg.), Die Siegel der deutschen Kaiser und Könige von 751 bis 1806, Bd. 1-3, Dresden 1909.

50. Priebatsch, Felix (Hg.), Politische Correspondenz des Kurfürsten Albrecht Achilles, Bd. 2 (1475-1480), Leipzig 1897.

51. Richeri Historiarum libri IIII, ed. Hartmut Hoffmann, Hannoverae 2000 (MGH SS XXXVIII).

52. Ryccardus de Sancto Germano notarii chronica, ed. G.H. Pertz, Hannoverae 1866 (MGH SS XIX).

53. Thomasin von Zerklaere, Der welsche Gast, hg. von Eva Willms, Berlin 2004.

54. Vincentii Pragensis Annales, ed. W. Wattenbach, Hannoverae 1861 (MGH SS XVII).

55. Wencker, Collectanea iuris publici, Teil III, Straßburg 1702.

56. Wibaldi epistolae Nr. 68, ed. Ph. Jaffé, Bibliotheca Rerum Germanicarum I, Berlin 1864.

57. Widukindi res gestae Saxonicae, ed. G. H. Pertz, Hannoverae 1889 (MGH SS III).

58. Württembergisches Urkundenbuch des Landesarchivs Baden-Württemberg, online unter http://maja.bsz-bw.de/wubonline/.

b) Literatur:

1. Aus'm Weerth, Ernst, Kunstdenkmäler des christlichen Mittelalters in den Rheinlanden I, Abt. III, Bonn 1868.

2. Baier – Schröcke, Helga, Die Buchmalerei in der Chronik des Ernst von Kirchberg im Landeshauptarchiv Schwerin. Ein Beitrag zu ihrer kunstgeschichtlichen Erforschung, Findbücher, Inventare und kleine Schriften des Landeshauptarchivs Schwerin 13, Schwerin 2007.

3. Bleisteiner, Claus D., Der Doppeladler von Kaiser und Reich im Mittelalter. Imagination und Realität, in: Mitteilungen des Instituts für österreichische Geschichtsforschung 109 (2001).

4. Bruckauf, Julius, Fahnlehn und Fahnenbelehnung im alten deutschen Reiche, Leipziger historische Abhandlungen, Heft 3, Leipzig 1907.

5. Dannenberg, Hermann, Die deutschen Münzen der sächsischen und fränkischen Kaiserzeit, Bd. 1, Aalen 1967, S. 118, Nr. 214.

6. Deér, Josef, Adler aus der Zeit Friedrichs II.: Victrix aquila, in: Schramm, Percy Ernst (Hg.), Kaiser Friedrichs II. Herrschaftszeichen, Göttingen 1955.

7. Erdmann, Carl, Kaiserfahne und Blutfahne, in: Sitzungsberichte der preußischen Akademie der Wissenschaften, philosophisch-historische Klasse (1932).

8. Erdmann, Carl, Kaiserliche und päpstliche Fahnen im hohen Mittelalter, in: Quellen und Forschungen aus italienischen Archiven und Bibliotheken 25, Rom 1933-34.

9. Ernst, Max, Kriegsfahnen im Mittelalter und die Reichssturmfahne von Markgröningen, in: Württembergische Vierteljahreshefte für Landesgeschichte 36 (1930).

10. Ganz, Paul, Geschichte der Heraldischen Kunst in der Schweiz im XII. und XIII. Jahrhundert, Frauenfeld 1899.

11. Grierson, Philip, Münzen des Mittelalters, München 1976.

12. Gritzner, Erich, Symbole und Wappen des alten deutschen Reiches, in: Leipziger Studien aus dem Gebiet der Geschichte, Bd. 8, Heft 3, Leipzig 1902.

13. Holladay, Joan A., Illuminating the Epic. The Kassel Willehalm Codex and the Landgraves of Hesse in the Early Fourteenth Century, Seattle and London 1996.

14. Kintzinger, Martin, Zeichen und Imaginationen des Reichs, in: Schneidmüller, Bernd, Weinfurter, Stefan (Hg.), Heilig-Römisch-Deutsch. Das Reich im mittelalterlichen Europa, Dresden 2006.

15. Korn, Johannes Enno, Adler und Doppeladler. Ein Zeichen im Wandel der Geschichte, in: Der Herold. Vierteljahresschrift für Heraldik, Genealogie und verwandte Wissenschaften, Bd. 5/6, Berlin 1963-1968.

16. Kruppa, Nathalie, Neue Gedanken zum Quedlinburger Wappenkästchen, in: Concilium medii aevi 4 (2001); http://cma.gbv.de/dr,cma,004,2001,a,06.pdf.

17. Lentz, Diplomatische Stifts- und Landeshistorie von Magdeburg und angrenzenden Landen, Cöthen/Dessau 1756.

18. Meyer, Rudolf J., Königs- und Kaiserbegräbnisse im Spätmittelalter. Von Rudolf von Habsburg bis zu Friedrich III., Beihefte zu J.F. Böhmer, Regesta Imperii 19, Köln 2000.

19. Peters, Horst, Zur Datierung des Aachener Otto-Evangeliars auf das Jahr 983: http://archiv.ub.uni-heidelberg.de/artdok/volltexte/2006/234/pdf/Peters2006.pdf.

20. Pferschy – Maleczek, Bettina, Der Nimbus des Doppeladlers. Mystik und Allgorie im Siegelbild Kaiser Sigmunds, in: Zeitschrift für historische Forschung 23 (1996).

21. Pleticha, Hans, Des Reiches Glanz. Reichskleinodien und Kaiserkrönungen im Spiegel der deutschen Geschichte, Freiburg 1989.

22. Rösch, Gerhard, Die Herrschaftszeichen Kaiser Friedrichs II., in: Becker, Hans-Jürgen (Hg.), Die Reichskleinodien. Herrschaftszeichen des Heiligen Römischen Reiches, Schriften zur staufischen Geschichte und Kunst 16, Göppingen 1997.

23. Schmid, Wolfgang, Kaiser Heinrichs Romfahrt. Zur Inszenierung von Politik in einer Trierer Bilderhandschrift des 14. Jahrhunderts, Mittelrheinische Hefte 21, Koblenz 2000.

24. Schramm, Percy Ernst, Herrschaftszeichen und Staatssymbolik. Beiträge zu ihrer Geschichte vom dritten bis zum sechzehnten Jahrhundert, Schriften der MGH, Bd. 2, Stuttgart 1954-1956.

25. Schubert, Ernst, König und Reich in der heraldischen Farbensprache, Exkurs VI, in: Kaiser und Reich. Studien zur spätmittelaterlichen deutschen Verfassungsgeschichte, Göttingen 1979.

26. Stettiner, Richard, Die illustrierten Prudentius – Handschriften, Tafelband, Berlin 1905.

27. Ströhl, Hugo Gerhard, Heraldischer Atlas, Stuttgart 1899.

28. Suhle, Arthur, Deutsche Münz- und Geldgeschichte von den Anfängen bis zum 15. Jahrhundert, Berlin ^{2}1964.

29. Thomas, Heinz, Rot und Gold – Krieg und Frieden. Die Sturmfahne des Reiches in der Bilderchronik von Kaiser Heinrich VII. Romfahrt, in: Herrschaftspraxis und soziale Ordnungen im Mittelalter und in der frühen Neuzeit. Ernst Schubert zum Gedenken, hg. von Peter Aufgebauer und Christine van den Heuvel, Hannover 2006.

30. Wentzcke, Paul, Die deutschen Farben. Ihre Entwicklung und Deutung sowie ihre Stellung in der deutschen Geschichte, Heidelberg 1955.

Bildanhang

Abbildung 1: Augustus-Kameo des Lotharkreuzes

Abbildung 2: Evangeliar Ottos III.

Abbildung 3: Liuthar-Evangeliar

Abbildung 4: Sakramentar Heinrichs II.

Abbildung 5: Evangeliar Heinrich V.

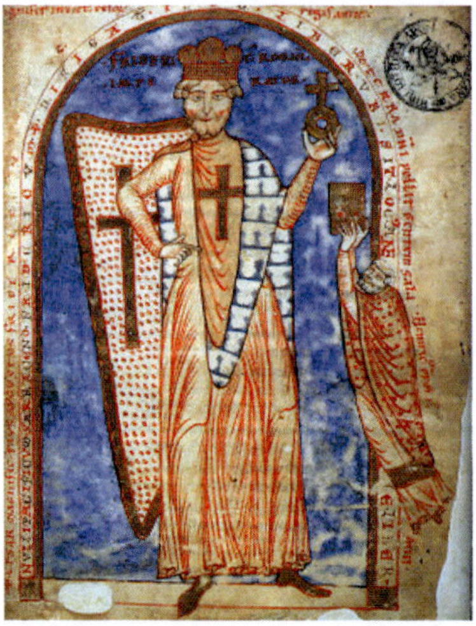

Abbildung 6: Friedrich I. als Kreuzfahrer

Abbildung 7: Heinrich VI.

Abbildung 8: Züricher Wappenrolle